Fremd im eigenen Land?

Annette Simon und Jan Faktor – sie ostdeutsche Psychoanalytikerin, er in Ostdeutschland lebender tschechischer Schriftsteller –, befinden sich nicht nur seit ihrer Jugend in ständigem geistigen Austausch und sind nicht nur seit mehr als zwanzig Jahren verheiratet: sie schreiben auch beide. In den in diesem Band vereinten Vorträgen und Essays reflektieren sie von verschiedenen Seiten die politischen und gesellschaftlichen Konflikte ihrer unmittelbaren Vergangenheit. Viele dieser emotional stark besetzten Erlebnisse bedeuteten auch Brüche in vertrauten Wirkungskreisen und brachten immer wieder die Beschäftigung mit dem „Fremdsein" in ihr Leben.

Jan Faktor zog 1978 in die DDR – in ein fremdes Land, dessen Untergrundkultur ihm dann plötzlich nicht geahnte, aber auch fragwürdige Freiräume bot. Er wurde mit einer anderen Kultur und als Schriftsteller mit der deutschen Sprache konfrontiert. Nach der deutschen Vereinigung mußte er sich mit der Stasi-Vergangenheit einiger seiner Mitstreiter auseinandersetzen – und auch mit dem westdeutschen Kulturbetrieb.

Annette Simon erlebte mit der Okkupation der CSSR eine politische Entfremdung von ihren früheren sozialistischen Idealen und vom vermeintlichen Aufgehobensein in der DDR. Kritisch analysiert sie in ihren Texten das Weiterbestehen solcher Entfremdungsgefühle sowohl bei ehemaligen Oppositionellen als auch bei ehemaligen Befürwortern der DDR im deutschen Vereinigungsprozeß. Vor allem aber reflektiert sie ihren beruflichen Werdegang als Psychotherapeutin und erhellt dabei die Hintergründe des Psychotherapiealltags in der DDR.

Reihe »edition psychosozial«

Annette Simon und Jan Faktor

Fremd im eigenen Land?

Psychosozial-Verlag

Die Deutsche Bibliothek – CIP Einheitsaufnahme

Ein Titeldatensatz für diese Publikation
ist bei Der Deutschen Biblioithek erhältlich.

Goethestraße 29, 35390 Gießen
Tel.: 0641/77819, Fax: 0641/77742
e-mail: psychosozial-verlag@t-online.de
www.psychosozial-verlag.de

Umschlagfoto: Frank Rothe
Umschlaggestaltung: Atelier Warminski, Büdingen
Printed in Germany
ISBN 3-89806-020-9

Inhaltsverzeichnis

Vor den Vätern sterben die Söhne?

Die Achtundsechziger der DDR

Für Trin und Hans-Jürgen Wirth und für Götz Eisenberg

Annette Simon

Was ich habe, will ich nicht verlieren, aber
wo ich bin, will ich nicht bleiben, aber
die ich liebe, will ich nicht verlassen, aber
die ich kenne, will ich nicht mehr sehen, aber
wo ich lebe, da will ich nicht sterben, aber
wo ich sterbe, da will ich nicht hin:
Bleiben will ich, wo ich nie gewesen bin.
Thomas Brasch

Die Geburtsjahrgänge 1938-1948 (mit der Möglichkeit der Abweichung nach hinten und nach vorn) sind als Achtundsechziger in die Geschichte der Bundesrepublik eingegangen als eine Generation, der es gelang, ihr Lebensgefühl in einzigartiger Weise politisch zu artikulieren und damit auch Katalysator eines gesellschaftlichen und vor allem kulturellen Umbruchs zu werden, wie es den Generationen nach ihr nicht vergönnt sein sollte.

Diese Achtundsechziger sind anscheinend von allen Seiten angesehen und analysiert worden – und wurden in jeder Weise beachtet. In letzter Zeit wird ihr Verstummen beklagt oder ihr Scheitern proklamiert. Sie kommen nun in Erinnerungsbüchern wie der Biographie von Gretchen Dutschke über ihren Mann (1996) oder in dem inspirierenden Buch von Heinz Bude »Das Altern einer Generation« (1995) zu Wort.

Dies alles gilt für die Achtundsechziger der Westseite, BürgerInnen der alten Bundesrepublik Deutschland. Den gleichen Geburtsjahrgängen der DDR wurde eine ähnliche Aufmerksamkeit nicht zuteil, sie sind weitgehend unbekannt geblieben bzw. als Generation nicht identifiziert worden, obwohl die vielen Gruppen, aus denen sich die Bürgerbewegung von 1989 schließlich konstituierte, ohne sie nicht denkbar wären. In der DDR hatten Mitglieder dieser Generation, wenn sie sich im Dissenz mit den herrschenden politischen Verhältnissen befanden, keine Öffentlichkeit, keine Medien und schon gar keine Organisationen wie den Sozialistischen Deutschen Studentenbund (SDS).

Die Protagonisten, die ich als Achtundsechziger der DDR bezeichnen würde, wurden in der Mehrzahl über den Westen, die Westmedien überhaupt bekannt und hatten dann zumeist auch ein Leben zwischen Ost und West. So Wolf Biermann, 1936 geboren, 1976 aus der DDR ausgebürgert; Thomas Brasch, 1945 geboren, 1976 aus der DDR genötigt wie Jürgen Fuchs, 1950 geboren; oder Rudolf Bahro, 1935 geboren und wegen seines Buches »Die Alternative« zu einer mehrjährigen Haftstrafe verurteilt, von der er 2 Jahre absaß, bevor auch er 1979 in den Westen expediert wurde.

Ich nenne hier diejenigen, die bekannt wurden – es gibt aber unzählige Unbekannte ihrer Art, die auch als Unbekannte das Land wechselten oder die in der DDR blieben und zu wirken versuchten. Viele der letzteren traten dann im Herbst 1989 in Erscheinung und einige sind seitdem namentlich kenntlich. Ich denke da an Jens Reich (geboren 1939) und Bärbel Bohley (geboren 1945), Gerd Poppe (geboren 1941) und Ulrike Poppe (geboren 1950) u. v. a.

Es gibt jetzt viele Versuche, die DDR und sich im nachhinein kennenzulernen, sich transparent zu machen, was vorher schwer zu durchschauen war. Ich denke momentan besonders über diese Ostachtundsechziger nach, auch als eine Art der Suche nach Selbstverständnis, weil ich mich trotz meines späteren Geburtsjahrganges – 1952 – mit ihnen weitgehend identifiziert habe und mich auch der Vergleich mit meinen westlichen GenerationsgenossInnen interessiert.

Es werden seit 1989 immer die Verständnis- und Kommunikationsschwierigkeiten zwischen Ost und West im Vereinigungsprozeß beklagt – mir scheint es so, als ob gerade die Vertreter der Achtundsechziger beider Seiten sich einerseits sehr gut verstehen und sich einander nah fühlen, andrerseits aber bitter voneinander enttäuscht sind. 1968 und 1989 sind gemeinsame wichtige Daten der Erfahrung, oft biographische Einschnitte, die aber jeweils auch das Trennende sehr stark markieren. Heinz Bude konstatiert, daß 1968 als der Punkt gilt, von dem ab sich die beiden Teile Deutschlands erst richtig auseinander entwickelt hätten: »Das Fehlen der Kulturrevolte ist dafür verantwortlich, daß die DDR in der deutschen Tradition des tragischen Ernstes verhaftet geblieben ist und den Anschluß an die westliche Kultur der ironischen Leichtigkeit verloren hat.« (1995, S. 21) »Zum Glück« – würden darauf einige Achtundsechziger der DDR sagen oder: »Woher weiß er das?«

Die Achtundsechziger der DDR sind genau wie ihre Schwestern und Brüder im Westen geprägt von der Musik dieser Zeit und dem Lebensgefühl, das sie transportierte. Auch die antiautoritären Gedanken und Haltungen schwappten in jeder Weise über die Grenze – über die Medien aller Art. Ich kann mich gut erinnern, wie ich das Interview von Günther Gauss mit Rudi Dutschke genau an dem gleichen Abend im Westfernsehen verfolgt habe, an dem es eben ausgestrahlt wurde – und wie ich von dem Charisma Dutschkes beeindruckt war, aber meine westlichen AltersgenossInnen damals anscheinend noch nicht beneidete, daß ihr Vertreter im Fernsehen seine Ansichten verbreiten konnte – eine fast unvorstellbare Freiheit für uns. Was damals auf mich gewirkt haben muß, können nicht so sehr die marxistischen Thesen gewesen sein, die er da in seinem prägnanten Sprachduktus über den Äther brachte – die kannte ich aus dem Staatsbürgerkunde-Unterricht zur Genüge. Beeindruckt hat mich wohl eher die antiautoritäre Frechheit, dort im Schlabberpullover zu sitzen und das gesamte gesellschaftliche System, dem er angehörte, in Grund und Boden stampfen zu wollen. (Ich habe mir dieses Interview jetzt noch einmal angehört und war sehr überrascht über die tatsächlichen Inhalte. Diese merkwürdige revolutionäre

Romantik auf der einen Seite, die Phantasie, daß die arbeitenden Massen sich demnächst an die Revolution machen würden, und andererseits die Forderung nach der Wiedervereinigung Deutschlands als tagespolitische Aufgabe. Ich hatte völlig vergessen, daß Dutschke dies dort vertreten hatte.)

Die Achtundsechziger der DDR hatten es viel schwerer, sich dem lustvollen Strom der Rebellion euphorisch zu überlassen. Ihnen stand eine ganz andere autoritäre Staatsgewalt gegenüber. Die westliche Pop-Musik wurde offiziell verhöhnt und in Rundfunksendungen und Live-Auftritten auf 40 Prozent der dargebotenen Titel eingeschränkt. (Wenn mich meine Erinnerung nicht trügt, hinderte es die Bands, die in meiner Lieblingsdisco »Stahnsdorfer Hof« auftraten, nicht daran, dieses Verhältnis auf 90 zu 10 zu verschieben.) Langhaarige wurden von der Polizei noch in den 70er Jahren z. B. auf Rügen regelrecht gejagt, und ihnen wurden die Haare zwangsweise kurzgeschnitten. Das Zusammenleben in Wohngemeinschaften wurde durch die rigide Wohnungs- und Familienpolitik in jeder Weise zu verhindern versucht, ebenso wurden die Versuche abgewürgt, Kinder anders zu erziehen und Kinderläden oder ähnliches zu gründen. Trotzdem habe ich wie auch andere Ostler vor der Geburt meiner Tochter 1972 die Bücher über antiautoritäre Erziehung wie »Das Prinzip Summerhill« von A. S. Neill gelesen und habe mich dann mit diesem antiautoritären Anspruch und dem realen Leben mit einem kleinen Kind in diesem Land herumgeschlagen.

Später entstehende Frauengruppen wurden beargwöhnt und observiert. In den Resten unserer Stasi-Akte, die die Vernichtung im Dezember 1989 überstanden haben, konnte ich lesen, daß unsere Anfang der 80er Jahre entstandene Frauengruppe angeblich vorhatte, das Patriarchat in der DDR zu stürzen – an solche hehren Ziele dachten wir nicht im Traum; die Gruppe sollte uns helfen, mit unserem Leben mit den Männern und den Kindern etwas besser zurechtzukommen.

Die einzige Möglichkeit, sich irgendwie in einen Zusammenhang mit Gleichgesinnten und Gleichaltrigen zu begeben, der sich außerhalb vorgegebener Staatsstrukturen bewegte, war eben diese informelle Gruppenbildung: Die Treffen fanden in Wohnungen in verschiedenen Konstellationen und Zusammenhängen statt, teilweise sogar »konspirativ« – aber wie wir heute wissen, war die Stasi durch ihre inoffiziellen Mitarbeiter fast immer mit dabei.

Die Achtundsechziger im Osten nahmen genauso wie im Westen den Vietnamkrieg und die Grausamkeiten in der Welt wahr, interessierten sich aber politisch natürlicherweise am meisten für das eigene Gesellschaftssystem – für die real bestehenden Sozialismen im Osten und deren Veränderung. Es ging nicht um die Wiedererschaffung kapitalistischer Verhältnisse – schon wegen der fundamentalen Kritik der gleichaltrigen Westlinken an diesen Verhältnissen nicht. Wir bewunderten diese Linken mit naiver Gläubigkeit, unsere Solidarität gehörte ihnen. (Von heute aus kommt mir diese Bewunderung besonders merkwürdig vor, interessierte sich doch die Mehrheit dieser Linken fast gar nicht für uns und unser reales Leben in der DDR, von Solidarität ganz zu schweigen. »Bleibt ja drüben« – war die Haltung vieler von ihnen.)

Der politische Orientierungspunkt für uns im Osten war vor allem der Versuch, den Sozialismus in der ČSSR zu demokratisieren. Das Trauma der Achtundsechziger der DDR war die Okkupation dieses Landes im August 1968.

Ende Oktober 1968 wurden im »Neuen Deutschland« die Urteile veröffentlicht, die über eine Gruppe von jüngeren Leuten verhängt worden waren, weil sie durch Flugblätter und Protestparolen an Hauswänden gegen den Einmarsch der Warschauer Paktstaaten in die ČSSR protestiert hatten:

Rosita Hunzinger (damals 18 Jahre alt): 2 Jahre und 3 Monate Haft; Sandra Weigl (20): 2 Jahre; Thomas Brasch (23): 2 Jahre und 3 Monate, Erika-Dorothea Berthold (18): 1 Jahr 10 Monate; Frank Havemann (19): 1 Jahr 6 Monate; Hans-Jürgen Utzkoreit (18): 1 Jahr

3 Monate. Der 16jährige Florian Havemann wurde zu einer Jugendstrafe verurteilt. In der Urteilsbegründung wurde betont, daß sie von Robert Havemann und Wolf Biermann zu ihren Straftaten inspiriert worden seien. Diesen »geistigen« und auch leiblichen Vätern (Frank und Florian sind Söhne von Robert Havemann) sollte von ihren einstigen Genossen auch ein Denkzettel verpaßt werden – ohne daß sie selbst angetastet wurden; – noch nicht.

Es waren exemplarische Urteile. Zum Teil schickte die herrschende Kaste ihre eigenen Kinder ins Gefängnis. Der Vater von Thomas Brasch, Horst Brasch, als jüdischer Emigrant aus London in die DDR zurückgekehrt, war 1968 stellvertretender Kulturminister. Der Vater von Erika Berthold, Lothar Berthold, war Direktor des Institutes für Marxismus-Leninismus beim Zentralkomitee der SED, also des Ideologie-Institutes der DDR.

Hier wurde Zukunft für die eigenen Kinder verschlossen. Die Verurteilten mußten ihre Strafen nicht absitzen, diese wurden bei einigen nach ein paar Tagen, für andere nach einem Vierteljahr auf Bewährung ausgesetzt. (Durch die unterschiedliche Behandlung gelang es auch, die Gruppe zu spalten.) Dies wurde dann allerdings nicht im »Neuen Deutschland« veröffentlicht, so daß ich erst viel später erfuhr, daß diese Leute, mit denen ich so heftig sympathisierte, nicht mehr im Gefängnis saßen. Abitur oder Studium waren aber für alle mit diesen Urteilen verbaut, ihr Leben wurde durch diesen Einschnitt für immer geprägt, auch wenn sie dann ganz unterschiedliche Wege gingen. Im Grunde wollten die Herrschenden dem ganzen Land zeigen, daß sie bereit waren, selbst ihre eigenen Kinder für die Staatsräson zu opfern.

»Vor den Vätern sterben die Söhne« heißt folgerichtig der Roman von Thomas Brasch, der 1977 bei Rotbuch in der Bundesrepublik und erst 1990 in der gerade noch bestehenden DDR erschien. In diesem Roman wird ein junger Mann, der die DDR nicht mehr erträgt und sie verlassen will, an der Mauer erschossen. Brasch hat damals etwas gestaltet, was ich besonders von heute aus als sehr wichtig empfinde: Die DDR forderte von ihren Bürgern eine Loyalität, deren Aufkündigung im Extrem den Tod an der Mauer bedeuten konnte. Die Opfer sind die namenlosen, oft jungen Toten an der Mauer, sind nicht die Protagonisten der Achtundsechziger der DDR.

Diese Protagonisten sind nicht getötet worden oder gestorben – jedenfalls nicht in dieser Zeit,[1] sie wurden totgeschwiegen und in den Westen getrieben oder aus der Haft abgeschoben und dann waren sie »wie tot« für das Leben in der DDR, weil sie wenig Informationen und Einflußmöglichkeiten hatten. Sie kamen teilweise über die Westmedien zurück, waren aber jenseits des Flusses für uns.

Biermann hat es selbst besungen, als Florian Havemann, einer der Mitverurteilten von 1968, Anfang der 70er Jahre in den Westen ging:

Er ist hinüber – enfant perdu
Ach, kluge Kinder sterben früh
Von Ost nach West – ein deutscher Fall
Laß, Robert, laß sein
Nee, schenk mir Kein' ein!
Abgang ist überall

Biermann teilt hier sowohl die Meinung der Herrschenden als auch das Gefühl der Beherrschten, daß jemand tot sei, wenn er einmal im Westen war, ohne zu ahnen, daß ihn nur wenige Jahre später das gleiche Schicksal treffen sollte.

(Merkwürdigerweise wird das Thema des Todes auf der Ostseite überhaupt viel benannt, während auf der Westseite auch unter den Protagonisten wirklich gestorben wurde: Benno Ohnesorg und Rudi

[1] Rudolf Bahro und Jürgen Fuchs, um nur diese beiden zu nennen, starben beide viel zu jung unter bis heute noch nicht geklärten Umständen. Die Mitwirkung der Staatssicherheit an ihren tödlichen Erkrankungen ist noch Gegenstand der Untersuchung.

Dutschke durch Staats- und äußere Gewalt. Toni Krahl und Rolf Brinkmann kamen bei Unfällen ums Leben. Die Spitzengruppe der RAF nahm sich das Leben. Bernward Vesper, dessen Buch »Die Reise« mir exemplarisch für das Denken eines Teils der Westachtundsechziger erscheint, wurde psychisch krank und nahm sich ebenfalls das Leben. Es gibt viele frühe und bekannte Tote dieser Generation im Westen. Es scheinen mir die Antennen zu fehlen, um die Trauer, die darüber zu spüren sein könnte, an meinen GenerationsgenossInnen zu bemerken.)

Daß jemand wie tot behandelt wurde, nachdem man ihn vertrieben oder er schließlich das Land verlassen hatte, könnte man auch als einseitige Kündigung des Generationenvertrages interpretieren – und zwar einer von den Eltern ausgesprochenen Kündigung. Die Töchter und Söhne wurden des Hauses verwiesen, die Eltern wollten nicht mehr Eltern sein und erklärten ihre Kinder für gestorben. (Gar nicht so selten kam es vor, daß der Vater Staat von realen Eltern forderte, sich von ihren Kindern zu distanzieren, die »Republikflucht« begangen hatten.)

Dies scheint mir ein weiterer Unterschied zu den Westachtundsechzigern zu sein: Im Westen haben wohl eher die Söhne und Töchter den Vertrag kündigen wollen, ein ganz anderes Leben führen wollen als die Eltern. Sie wurden zwar massenhaft mit dem Ausspruch konfrontiert: Geht doch rüber! – aber niemand hat ernsthaft daran gedacht, sie an die Grenze zu fahren und in der DDR auszusetzen. Einen vergleichbaren Ausstoßungsprozeß von kritischem Potential wie in der ganzen Geschichte der DDR hat es in der Bundesrepublik wahrscheinlich nur mit den Mitgliedern der RAF gegeben, die in die Hochsicherheitstrakts verbannt wurden oder quasi illegal in der DDR gelebt haben. Diese Kinder hatten aber die Ausstoßung auf weit eklatantere Weise provoziert als die im Osten.

Der Unterschied im Verhältnis der Generationen zueinander ist für mich sehr bemerkenswert: Die Achtundsechziger in Ost und West sind die erste Generation, die im nachfaschistischen Deutschland erwachsen wurden. Noch im Krieg oder kurz danach geboren, traf sie die ganze Wucht der nicht geklärten, in den Familien oft nicht benannten Mitbeteiligung oder Schuld ihrer Eltern oder aber auch deren Tod im Krieg. Im Gegensatz dazu gab es das Überleben in der Emigration und im Widerstand, das aber auch merkbare Spuren in diesen anderen Eltern hinterließ. Die Töchter und Söhne haben sich bewußt oder unbewußt damit auseinandergesetzt, sie haben auch die Desorientierung und Neukonsolidierung dieser Elterngeneration nach dem Krieg erlebt.

Die in der DDR in die Macht eingesetzte Generation war zum Teil erwiesenermaßen antifaschistisch oder reklamierte dies zumindest für sich. Die Auseinandersetzung mit ihr oder der Angriff auf sie war daher von vornherein gebrochen und durch tiefe Loyalität und Achtung beschwichtigt, zudem meist noch von dem Bewußtsein getragen, dieselbe Sache zu wollen – den Sozialismus.

Jene Jugendlichen, die im August 1968 Flugblätter verteilten, protestierten gegen die Okkupation der ČSSR mit dem Argument, es sei des Sozialismus nicht würdig, seine Konflikte mit kriegerischen Mitteln auszutragen. Lange teilten die linken Kritiker der DDR die Illusion ihrer Herrscher, eigentlich auf der richtigen Seite zu stehen, auf dem Boden der besseren Gesellschaftsordnung, in der nur einige Überbau-Merkmale verbessert werden müßten. Die Basis – das gesellschaftliche Eigentum an Produktionsmitteln – galt als wichtige Voraussetzung für eine menschlichere Gesellschaft, die schon geschaffen sei. Es ging um mehr Demokratie, mehr Freiheit und Menschenrechte – dann wäre der wahre Sozialismus verwirklicht. Die Kritik am Überbau allein genügte aber, die Kritiker außer Landes zu bringen oder sie unter das immer wachsame Auge des Minesteriums für Staatssicherheit zu führen.

Die Achtundsechziger im Westen sahen dagegen die Gefahr eines neuen Faschismus in der Bundesrepublik heraufziehen. In der Biographie von Mario Krebs über Ulrike Meinhof lese ich: »›Wir haben oft über ihre Eltern gesprochen: Was hätten sie damals (unter Hitler) tun können? Das war die Frage, die sie selbst unmittelbar betraf.‹ Das habe ihr keine Ruhe gelassen, weil sie tief davon überzeugt gewesen sei, daß ihre Generation auf eine ähnliche Weise herausgefordert sei wie die ihrer Eltern. Ausgangspunkt aller Überlegungen ›war die Frage, was sagen wir unseren Kindern, wenn die uns fragen, was habt ihr getan?‹« (Krebs, 1988, S. 47) Hier wird der Generationenvertrag unmittelbar angesprochen unter den Leitthemen von Verantwortung und Schuld.

Im Grunde sehe ich hier genau wie im Osten – auch von Bude bereits einleuchtend herausgearbeitet – eine Überidentifikation mit den Eltern, ihrer Schuld oder Nichtschuld – nur verkleidet in die Form größtmöglicher Distanzierung – und recht unbewußt. Man meint, es an ihrer Stelle besser machen zu müssen, die moralischen Proben besser bestehen zu sollen, ohne sehen zu können, daß die Zustände im Lande einen solchen grandiosen Anspruch vielleicht gar nicht brauchen, weil sie eben nicht nationalsozialistisch sind.

Bernward Vesper schreibt in seinem Roman »Die Reise«: »Wenn man in Deutschland Haare abschneidet, wird man bald auch Köpfe abschneiden.« (1978, S. 59) Und: »Die Zeit wird kommen, wo man uns fragen wird: Wo warst Du, Adam? Und das beste, was wir dann sagen können, ist, wir haben gegen uns gekämpft, um das reißende Tier, das wir von Geburt an sind, zu fesseln und von der Macht fernzuhalten, alles zu zerstören.« (1978, S. 60) Hier auch die Angst, selbst zum Mörder werden zu können wie die Täter der Eltern-Generation. Was beim Weiterführen dieses moralischen Rigorismus auch bei den Morden der RAF endete. Horst Mahler hat das in seiner selbstkritischen Auseinandersetzung 1980 so auf den Punkt gebracht: »Doch, das ›Herzklopfen für das Wohl der Menschheit‹ um es mit Hegel zu sagen, ›schlägt um in die Raserei des Eigendünkels‹. Die Leute haben ihre eigene – sozusagen private Moral konstruiert. Weil ich drin war, weiß ich das. Die Welt ist schlecht, tagtäglich unendliches Leid, Mord und Totschlag. Das müssen wir ändern. Das geht nur mit Gewalt, das erfordert auch Opfer, aber unterm Strich weniger Opfer als die Fortdauer des bestehenden Zustandes.« (Jeschke/Malanowski, 1980, S. 16)

Die Achtundsechziger in Ost und West eint diese unbewußte Überidentifikation mit den wie auch immer gearteten Eltern: Im Gegensatz zu deren Wegsehen, Mittun und Verdrängen oder aber in Fortsetzung von deren heldenhaftem Widerstand fühlt sich die nächste Generation überverantwortlich für das Schicksal der Menschheit, für Ungerechtigkeit und Vernichtung in der Welt. Auf beiden Seiten sind Eltern und Staatsmacht bereit, diese Kinder auszustoßen und zu opfern, sie nicht mehr als ihre Kinder anzuerkennen. Auf der Ostseite allerdings schon bei geringster Kritik am Status Quo – auf der Westseite erst als Reaktion auf Massendemonstrationen, Aufruf zu Umsturz und Terrorismus. Die Staatsmacht im Osten war ungleich autoritärer und rigider.

Könnte es sein, daß diese Kinder unbewußt auch ausgestoßen werden wollten? Das Schicksal der Ausgestoßenen des Dritten Reiches wiederholen? Sich damit von den Täter-Eltern für immer distanzieren oder den Opfer-Eltern für immer nah sein wollten?

Jedenfalls phantasieren sich die Protagonisten auf beiden Seiten in die Opferrolle hinein bzw. verhalten sich und zwingen die Verhältnisse so, daß sie zu Opfern werden können. Noch ein Gedicht von Thomas Brasch:

Geträumt: Wir stehen alle
vorm Fallbeil und jede Hand zuckt zurück,
wenn sie die Hand des Nachbarn berührt.
Hinter dem Fenster fallen
blutige Flocken.

Geträumt: Wir liegen alle
in einer Zelle und jeder schlägt
dem anderen seinen Hocker zwischen die Schulterblätter.

Mit enttäuschtem Gesicht
schließt der Schließer die Tür.

Geträumt: Wir stehen alle
auf einer glatten Straße und jeder versteckt
vor dem anderen sein Entlassungspapier.
Jeder hält einen Fahrplan in seiner Hand
und jeder beugt sich darüber.

Geträumt: Wir gehen alle
endgültig auseinander und über der Stadt
schließt sich
ein Himmel aus Stahl.

Das Gedicht beschreibt für mich eine Phantasie, die sowohl in der Nazizeit als auch in einer DDR-Gefängnissituation als auch im Hochsicherheitstrakt aufsteigen könnte. Eine Phantasie von Verfolgung und Verrat, von Entsolidarisierung. Eine Opferphantasie.

Aber eine Generation wird nicht nur durch ihre Protagonisten bestimmt. Die meisten Angehörigen dieser Generation haben in Ost wie West versucht, in der jeweils gegebenen Gesellschaft zu leben.

Die Westler traten entweder den langen Marsch durch die Institutionen an oder begaben sich auf den Weg der Selbstveränderung, den Weg nach innen – manche fanden eine Kombination von beidem. Politische und ökonomische Machtträger sind nur die wenigsten von ihnen geworden – psychologische und meinungsbildende Macht hingegen gewannen sie durchaus.

Teilweise wichen auch die Autoritäten vor dieser Revolte zurück, wie es zum Beispiel Götz Eisenberg beschreibt: »Meinen Abituraufsatz in Deutsch schrieb ich mit zusammengeklauten Argumenten über und gegen das dreigliedrige Schulsystem, das die Spaltung der Gesellschaft in Klassen und Schichten zementiere. Zum Abitur bekam jeder Schüler vom Direktor ein Buch eigener Wahl überreicht.

Ich ließ mir ›Kinderkreuzzug oder beginnt die Revolution in den Schulen?‹ von Günter Amendt schenken. ›Götz Eisenberg- zum Andenken an seine Schule‹ steht da samt einer Unterschrift des Direktors als Widmung drin.« (1988, S. 1) Im Osten wäre dies undenkbar gewesen. Dort konnten diese Euphorie des Besiegens von Autoritäten und die sie begleitenden Allmachtsphantasien nicht aufsteigen. Mit einer vergleichbaren Infragestellung des Systems in einem Abituraufsatz hätte man in der DDR nie ein Abitur bekommen, von einer Widmung des Direktors ganz zu schweigen. Die Fortsetzung der »Tradition des tragischen Ernstes« kommt eben aus diesen schon mehrfach dargestellten ganz anderen autoritären Beschneidungen und Gängelungen und teilweise auch durch das tragische Brechen von Widerstand und Persönlichkeit.

Auch im Osten entschieden sich einige für den Gang durch die Institutionen, traten in die SED ein und versuchten in der Partei und im Staatsapparat zu wirken.

Als einen möglichen Lebensweg möchte ich die weitere Entwicklung von Erika Berthold schildern, die im Oktober 1968 zu den oben genannten Verurteilten gehört hatte:

Nach ihrer Verurteilung wurde sie von der Schule gewiesen und konnte das Abitur nicht ablegen. Sie machte eine Lehre als Bibliothekarin und lebte zusammen mit ihrem Freund Frank Havemann in einer der beiden Wohngemeinschaften, die es überhaupt in Ostberlin gab. In dieser »Kommune 1 Ost« versuchten sich die Mitglieder auf verschiedene Weise mit der DDR auseinanderzusetzen und spalteten sich. Der eine Teil ging später mit Ausreiseantrag in den Westen – die Gruppe um Erika Berthold entschloß sich, in der DDR zu bleiben und ihre Institutionen zu nutzen. Das führte zeitweise auch zu einer scharfen Abgrenzung von den einst idealisierten Vorbildern Havemann und Biermann. Erika Berthold trat in die SED ein, arbeitete später in einem Großbetrieb und war dort in der FDJ-Leitung aktiv. Sie habe immer versucht, für Leute etwas zu tun, Verhältnisse menschlicher zu machen, mit unterschiedlichem Erfolg

– sagt sie heute. Im Herbst 1989 wollte sie den Erhalt einer veränderten DDR, und jetzt steht sie der PDS nah, ohne Mitglied zu sein. So gehen die Gänge der Quer und der Länge – so merkwürdig können ostdeutsche Biographien sein.

Franziska Groszer, ein anderes Mitglied der »Kommune 1 Ost« hat in ihren Reflektionen über diese Zeit den Bruch zwischen den Kommunarden, der zu ihrer Isolierung innerhalb der Kommune führte, anders und viel schärfer formuliert: »Faktisch bildete der Eklat um Robert Havemanns Spiegel-Gespräch den Auftakt zu der kurze Zeit später... verfaßten ›Absage an Biermann und Havemann‹, ein in Politikkauderwelsch verhüllter Vater-Sohn- und Autoritätenkonflikt, der dann eine Eigendynamik entwickelte. Der große Freundeskreis schlug sich entweder auf meine Seite oder in die Büsche oder bildete mit Gert Groszer, Havemann, Berthold und Labsch zusammen eine Gemeinschaft. Fortan war der Ort, an dem ich lebte, keiner, wie Adorno es formulierte, an dem man ohne Angst als jemand von anderen verschiedener leben konnte. Während ich verzweifelt nach einer Wohnmöglichkeit für mich und die Kinder suchte, wurde die Wohnung gegen eine größere eingetauscht. Eine eigens für mich entwickelte Hausordnung legte fest, wann ich mich wo aufhalten dürfe und wann und wo nicht, gestattete mir gnädig, mich selbst um meine Kinder zu kümmern ... Rosa Luxemburgs Forderung nach der Freiheit der Andersdenkenden, kurz zuvor noch auf ein Transparent gepinselt, galt nicht mehr. Sämtliche Bücher von Havemann und Biermann sowie anderer gegenüber dem Realsozialismus kritischer Autoren wurden im Ofen verbrannt.« (Groszer, 1999)

Franziska Groszer ging dann ihren eigenen Weg, der sie nach Verhören und Hausdurchsuchungen schließlich 1977 zur Ausreise zwang. Andere der ehemaligen WG-Mitglieder entschlossen sich später sogar, mit der Staatssicherheit zusammenzuarbeiten: »O-Ton Labsch: Daß die Staatssicherheit an uns alle einzeln herantrat und uns um Mitarbeit bat, war für uns natürlich der allerletzte Beweis, jetzt haben wir es geschafft. Nicht im Sinne von Karriere, sondern im

Sinne unserer sehr naiven Vorstellung, wir könnten radikal etwas verändern. Wenn die Leute, die uns vorher jahrelang beobachten mußten, uns zur Mitarbeit bitten, das war für uns: jetzt sind wir endlich mittendrin. Jetzt sind wir nicht mehr die Außenseiter und die ewig Beargwöhnten. Jetzt sind wir endlich da, wo wir hinwollten...Nun ist die Frage, was wir dann gemacht haben, als wir letztendlich im von uns angenommenen Zentrum der Bewegung drin standen. Vielleicht können wir jetzt formulieren, von dem Punkt an ging es bergab.« (Groszer, 1999)

Aber es gab auch andere Wege, die Angehörige dieser Generation gegangen sind. Sie orientierten sich nicht daran »im Zentrum der Macht« zu sein, sondern eher an Václav Havels Buch »Versuch, in der Wahrheit zu leben – von der Macht der Ohnmächtigen«. Seine Forderungen nach moralischer Integrität unter den Bedingungen einer Diktatur konnten sie eher verinnerlichen: Der herrschenden Ideologie die Mitwirkung kündigen, keine Machtpositionen einnehmen in diesem Staat, Karriere und Mitläufertum verweigern . Ihnen erschien es angemessener, bestimmte Dinge nicht zu tun: nicht die Fahne herauszuhängen, nicht zur Wahl zu gehen, nicht in der Gewerkschaftsversammlung den geforderten Diskussionsbeitrag abzuliefern. Hier finden sich auch die Aussteiger, die Friedhofsarbeiter, Bademeister und Heizer mit Abitur und Hochschulabschluß, die Szene-Mitglieder vom Prenzlauer Berg, aber auch die in Dresden, Leipzig oder Erfurt.

So groß war die Aussteigerbewegung, daß sich die Führenden der DDR bemüßigt fühlten, bei der Strafgesetzänderung im Jahr 1979 den Paragraphen 249 »Gefärdung der öffentlichen Ordnung durch asoziales Verhalten« zu erweitern. Asozial war nun auch, keiner geregelten Arbeit nachzugehen. 1980 wurden 10 714 Menschen in der DDR nach diesem Paragraphen verurteilt (entnommen einer Statistik des Generalstaatsanwalts der DDR).

(Diese Verweigerungshaltung, die Verweigerung von Mittun und Integration, aber auch von jeglicher Machtübernahme, weil Macht vermeintlich immer mitschuldig macht, kann eine sinnvolle Verhaltensweise sein in einer Diktatur. Im Herbst 1989 ging diese eingefleischte Verhaltensweise m.E. mit weitreichenden Konsequenzen nach hinten los. Die Opposition fand sich als Beigabe zur Modrow-Regierung an den Runden Tischen wieder, aber nicht in den Zentren der Macht. Sie war nicht in der Lage, die Macht wahrzunehmen, die ihr die Demonstranten auf der Straße für eine kurze Zeit zu geben bereit waren. Die wahrscheinlich unvermeidlichen Beitrittsverhandlungen zur Bundesrepublik haben dann keine Oppositionellen, keine Altachtundsechziger der DDR geführt.)

Die Achtundsechziger der DDR haben keine kulturrevolutionären Veränderungen wie ihre westlichen GenerationsgenossInnen in Gang gesetzt. Ihre Ideale sind im Prager Frühling erblüht und kurz darauf grausam erstickt, aber nicht aufgegeben worden. Sie standen in der Nach-Achtundsechziger-Restaurationszeit (in der ČSSR »Normalisierung« genannt) unter starkem äußeren Druck weiter auf ihrem inneren Programm. (Wie stark die Repressionen dieser Zeit auch in der DDR waren, lese man bei A.Mitter und S.Wolle in ihrem Buch »Untergang auf Raten – Unbekannte Kapitel der DDR-Geschichte« nach.) Diese Ideale lebten in den entstehenden Zirkeln und Initiativen, später auch unter dem Dach der Kirche weiter und prägten das Lebensgefühl eines Teils dieser Generation in der DDR: Wir werden in diesem Land nach einem Gefühl des Mittunwollens und des vielversprechenden Aufbruchs mit unserer Art des Engagements nicht gebraucht und gewollt, nach der oftmals erlebten Unterdrückung und Abstrafung können wir hier nicht mehr heimisch werden. Zu diesem Lebensgefühl gehört das Gedicht von Brasch, das ich an den Anfang des Textes gestellt habe, mit der Zeile: » Bleiben will ich, wo ich nie gewesen bin.« Oder auch Biermanns Lied, das ich oft vor mich hinsummte:

In diesem Lande leben wir
wie Fremdlinge im eignen Haus
Die eigene Sprache, wie sie uns
entgegenschlägt, verstehn wir nicht
noch verstehen, was wir sagen
die unsere Sprache sprechen

Viele von ihnen wählten dann auch das Weggehen, während andere, wie oben schon gesagt, versuchten, sich in die bestehenden Strukturen einzubringen. Wahrscheinlich auch, weil es unaushaltbar für sie war, sich über Jahre nur fremd und ungebraucht zu fühlen.

Die Nichtheimischen der DDR trafen sich in ihren Kreisen und versuchten, im Hüten der Ideale und im Nichtaufgeben der Ansprüche miteinander ein heimeliges Gefühl zu entwickeln. Sie konnten ihre Ideale aber nicht an der Realität abarbeiten oder verändern, und so wurden diese auf eigenartige Weise konserviert. Die Stunde der Wirklichkeit schlug erst 1989, und da gab es ehrenwerte Gesellschaftsveränderer mit über 20 Jahre gehüteten Vorstellungen von Veränderung, die von vielen immer nur als Veränderung des Sozialismus im Sozialismus gedacht worden war. Daß »das Volk« inzwischen anders dachte und dann auch anders wählte, war für viele von ihnen schwer zu ertragen.

Eine oft anzutreffende Ironie der Geschichte hat die Achtundsechziger beider Seiten nicht verschont: Was sie in Gang setzen wollten, kam am Ende nicht heraus. Die Achtundsechziger im Westen wollten eine Revolution, die für einige von ihnen schon vor der Tür stand. Sie bekamen einen modernisierten Kapitalismus. Die Achtundsechziger im Osten wollten Reformen und setzten letztendlich eine Revolution in Gang, in der es zu einem Wechsel der gesellschaftlichen Produktionsverhältnisse gekommen ist. (Ob dieser Wechsel wirklich revolutionär war, wird die Geschichte entscheiden.) Dafür werden sie von ihren westlichen GenerationsgenossInnen teilweise überhaupt erstmalig wahrgenommen und dann einerseits beneidet (»Neid auf Schicksal« – nannte das ein Freund von uns), andrerseits auch verachtet, weil sie es nicht richtig gemacht haben. Aber man beginnt sich endlich auch gegenseitig kennenzulernen.

Eigentlich sollte eine Generation auch daran gemessen werden, inwieweit sie der nächsten Generation Zukunft eröffnet oder verschließt. Hier sehe ich auf beiden Seiten eine gewisse Ratlosigkeit und Irritation. Gerade jene, die sich über Kindererziehung so viele Gedanken gemacht und neue Wege ausprobiert haben, überfrachteten die Kinder teilweise mit ihrem antiautoritärem Anspruch und moralischem Rigorismus. Sie forderten von ihnen das gleiche politische Engagement ein, das bei ihnen auch aus psychodynamischen Gründen so stark war.

Jetzt treten ihnen Jugendliche entgegen, die, jeder revolutionären Theorie abhold, die Nächte durchtanzen oder im Extremfall sogar Buttons mit der Aufschrift tragen: »Ich bin stolz, ein Deutscher zu sein«, wo doch die Distanz zu Deutschland und zur Nation auf beiden Seiten der Mauer ein Grundkonsens der Achtundsechziger war. Angesichts dieser Frechheiten und Absetzbewegungen verlieren wir Altachtundsechziger jegliche Ruhe und Gelassenheit und vergessen unser psychodynamisches Hintergrundwissen, daß neben anderen Ursachen für diese Haltung dies auch ein mehr oder weniger gezielter Angriff auf uns ist.

Relativ weit verbreitet ist bei den Enttäuschten beider Seiten ein apokalyptisches Denken, in dem alles zusammengefaßt wird, was auf den nahenden Untergang der Welt hinweist. Daß dies neben den realen Gründen zur Sorge auch eine merkwürdige Aggression gegenüber den Nachgeborenen ist, scheint nicht bewußt. Auf der einen Seite heißt dies: Weil bei unseren Versuchen nicht das herauskam, was wir wollten, wird alles den Bach heruntergehen. Auf der anderen Seite: Wir haben kein Vertrauen in euch, daß ihr die Welt erhalten oder verändern könnt, die wir euch vererben, euch wird es viel schlechter gehen als uns.

Da mein Nachdenken mit einem Gedicht begann, möchte ich auch mit einem Gedicht schließen. Es ist von Jan Faktor, der 1951 in Prag geboren wurde, 1968 dort die Okkupation erlebte und 1978 in die DDR übersiedelte, um in Berlin und mit mir zu leben. Es ist dem Zyklus »Gedichte eines alten Mannes aus Prag« entnommen:

jede neue Generation bringt in die Welt das Gefühl der Normalität zurück
ich glaube denen
die gerade angefangen haben zu sprechen

Literatur

Barth, B-R. u. a. (Hrsg.) (1996): Wer war Wer in der DDR. Frankfurt am Main (Fischer Taschenbuch).

Biermann, W. (1972): Für meine Genossen. Berlin. (Klaus Wagenbach) S. 83 und S. 19.

Brasch, T. (1977): KARGO. Frankfurt a Main. (Suhrkamp) S.97-98, S.108-109.

Bude, H. (1995): Das Altern einer Generation. Frankfurt a Main. (Suhrkamp).

Dutschke, G. (1996): Wir hatten ein barbarisches, schönes Leben. Rudi Dutschke. Köln (Kiepenheuer & Witsch).

Eisenberg, G. (1988): Eine große, diffuse Sehnsucht nach etwas anderem. In: ARENA, Zeitschrift für Hochschule, Wissenschaft, Gesellschaft Nr. 6.

Faktor, J. (1989): Georgs Versuche an einem Gedicht und andere positive Texte aus dem Dichtergarten des Grauens. Berlin und Weimar (Aufbau).

Groszer, F. (1999): Aufbrüche und andere Brüche. Die Kommune 1 Ost – eine Collage. Unveröffentlichter Vortrag.

Jeschke, A. / Malanowski, W. (Hrsg.) (1980): Der Minister und der Terrorist. Reinbek bei Hamburg (Rowohlt).

Krebs, M. (1988): Ulrike Meinhof. Ein Leben im Widerspruch. Reinbek bei Hamburg (Rowohlt Taschenbuch).

Mitter, A. und Wolle, S. (1993): Untergang auf Raten. München. (Goldmann).

Neill, A. S. (1971): Das Prinzip Summerhill. Reinbek bei Hamburg. (Rowohlt Taschenbuch).

Vesper, B. (1978): Die Reise. Frankfurt a. M. (März bei Zweitausendeins).

Meine ganz privaten Ansichten zu Prag 1968

Jan Faktor

Für mich persönlich ist das Jahr 1968 – wie für viele andere auch – eine emotional stark besetzte Angelegenheit. Und deswegen macht es bis heute oft keinen großen Sinn, mit anderen, genauso übermotivierten Zeitgenossen theoretisch oder irgendwie abgehoben über die Ereignisse dieses Jahres diskutieren zu wollen. Viele Beteiligte von damals leben immer noch in ihrer ruhmreich(er)en Vergangenheit und verteidigen im Grunde nur ihre damaligen Hochgefühle, statt sich mit der Fragwürdigkeit ihrer Argumente zu beschäftigen. Man kann sich also, wenn man das braucht, leicht in einer Nostalgie-Runde zusammenfinden und visionäres Schwärmen von Frühlingen, die noch kommen werden, zu hören bekommen. Konkret bei den Tschechen sieht es aber ein bißchen anders aus: Da die meisten von dieser politischen »Verirrung« nichts mehr wissen wollen bzw. »sowieso damals schon Bescheid wußten«, hört man von ihnen normalerweise eher wütende Angriffe und durch gewisse Standards geprägte Reden vom »Prager kommunistischen Putsch«.

Noch etwas vorab: Wie die meisten Tschechen denke ich bei der Jahreszahl 68 im Grunde nur an die Ereignisse in der ČSSR und am Rande höchstens vielleicht noch an die Barrikadenkämpfe in Paris. Das, was in Deutschland geschah, war uns dagegen ideologisch viel zu fremd und unverständlich. Aber trotz alledem – ich kann mich heutzutage hier in Deutschland mit denen, die sich mit der damaligen Geschichte mit einer gewissen Distanz beschäftigen und über einige Dinge auch etwas lachen können, ganz gut unterhalten. Und mein Vorteil ist dabei, daß die Deutschen (besonders die Ostdeutschen) alles andere als ignorant waren und die Prager Ereignisse genau verfolgt haben.

Historisch ist das tschechische Jahr 1968 ein abgeschlossenes Kapitel und von heute aus relativ leicht – trotzdem für mich, wie gesagt, nicht ganz emotionslos – zu beschreiben. Mein etwas flottes Fazit: Der ganze politische Aufbruch beruhte zwar auf einer großen Illusion, es war aber eine ausgesprochen schöne Zeit, also eine sehr schöne Illusion. Und daher war dieses Aufbäumen nicht völlig sinnlos – auch wenn der darauffolgende geistige Kahlschlag brutal war und bis heute nachhaltig zu spüren ist.

In den letzten dreißig Jahren hatte man Zeit genug, diese acht Monate des Prager Frühlings in sich gründlich reifen zu lassen. Man merkt es den Involvierten oft aber wirklich nicht an. Das Kontroverse und teilweise auch Irrationale bei den verschiedenen Diskussionen zum großen Jubiläum hat aber auch etwas Gutes – es zeigt sich, daß die ganze Sache noch nicht zur reinen Geschichte zusammengeschrumpft ist; daß sie also noch emotional lebendig ist – oder zumindest mit den aktuellen politischen Haltungen einigermaßen stark verknüpft. Man muß den heutigen Diskutanten auf jeden Fall vorsichtig zuhören und an die aufkommenden Disharmonien auch psychologisch herangehen. Jeder müßte oder sollte auf jeden Fall erst einmal erzählen, was für ihn die Ereignisse dieses Jahres bedeuteten, wie er sonst noch politisch geprägt war, wie er auf den und nach dem Einmarsch reagierte, wo er heute politisch steht usw. Erst dann sollte man sich erzählen lassen, was derjenige zum Prager Jahr 1968 sagen möchte. Vieles wäre dann klarer und vielleicht auch akzeptabler. Jemanden wie Jaroslav Šabata – der damals einer der Berater von Dubček im Zentralkomitee war –, der dann bis 1989 insgesamt 9 Jahre im Gefängnis saß, sollte man bei Veranstaltungen ruhig ausreden lassen, obwohl er leider – was die Zeitökonomie angeht – absolut keine Rücksichten nimmt; man hat bei ihm das starke Gefühl, daß er zum Teil nur noch in der Geschichte, in seiner 68er Geschichte lebt ...

Ich war im Jahre 1968 siebzehn und wurde durch meine Mutter, die als Journalistin in der Auslandsabteilung von *Literární noviny* beschäftigt war, politisch gründlich geschult. Der Vorgesetzte meiner Muttter war Antonín Liehm.[1] Bei uns zu Hause wurde dauernd über politische Dinge diskutiert, und ich habe von Kindheit an alle aktuellen Ereignisse intensiv verfolgt und einiges auch wirklich von ganz nah mitbekommen. Natürlich schon im Jahre 1967, weil meine Mutter nach dem berühmten »konterrevolutionären« Schriftstellerkongreß und der darauffolgenden Auflösung der Zeitung des Schriftstellerverbandes – eben ihrer Zeitung – die Arbeit verlor. Der Januar 1968 bedeutete dann für sie und uns nicht nur einen politischen Neuanfang, sondern für sie eine völlig unerwartete – oder unerwartet schnelle – Wiederauferstehung der kompletten Redaktion von *Literární noviny*, die von nun an *Literární listy* hieß. Das Redaktionsgebäude am Moldauer Ufer in der Nähe von Café *Slavia* war ein wichtiger Treffpunkt von Intellektuellen, die für diese Wochenzeitung regelmäßig Beiträge schrieben; diese Zeitung war im Grunde die intellektuelle Brutstätte des politischen Erneuerungsprozesses in der ČSSR. Weil viele dieser Intellektuellen meine Mutter auch privat gut kannten, habe ich viele dieser Protagonisten des Prager Frühlings auch persönlich gut gekannt – Eduard Goldstücker,[2] Ludvík Vaculík,[3] Ivan Klíma,[4] Jiří Grůša,[5] Antonín Liehm (wie gesagt) und andere.

Natürlich war ich ein Kind aus einer durch den Krieg geprägten Familie. Meine Eltern wurden – genauso wie auch viele andere

[1] Liehm emigrierte 1969 nach Frankreich und gründete dort 1984 die renommierte Zeitschrift *Lettre International*.

[2] Germanist, in den 50er Jahren inhaftiert. Initiator der berühmten Kafka-Konferenz im Jahre 1963; im Jahre 1968 Vorsitzender des Schriftstellerverbandes.

[3] Schriftsteller und Journalist. Nach seinem mutigen Auftritt auf dem Schriftstellerkongreß 1967 avancierte er zu einer der bekanntesten Persönlichkeiten des Landes. Im Frühjahr 1968 publizierte er das politisch hochbrisante »Manifest der 2000 Worte«. Ab 1972 gab er die erste literarische Untergrundedition »Petlice« (»Schloß & Riegel«) heraus.

[4] Engagierter Journalist und Schriftsteller; mehrere seiner Romane wurden inzwischen ins Deutsche übersetzt.

[5] Dichter und Literatur-Redakteur, 1981 ausgebürgert. Nach 1989 der erste Botschafter der Tschechoslowakei in der Bundesrepublik.

tschechische Intellektuelle – nach 1945 zu überzeugten Kommunisten, und sie waren stolz darauf, seit 1946 in der Partei gewesen und nicht erst nach der Machtergreifung 1948 eingetreten zu sein. Ich habe das Jahr 1968 also aus dieser sozialistischen, reformfreudig eingestellten Perspektive mitbekommen, in der jetzt natürlich die zugeschütteten Hoffnungen endlich in Erfüllung gehen sollten. Die Fragwürdigkeit dieses »Neuanfangs« hat damals aber zum Beispiel ein Kind aus einer katholischen Familie oder aus der Familie eines Handwerkers, dem sein noch so kleines Gewerbe in den 50er Jahren ersatzlos abgenommen wurde, viel schärfer und sofort sehen können. Etwas an Blindheit oder selektiver Wahrnehmung gehörte in den Kreisen, in die ich Einblick hatte, eben dazu. Zum Glück war ein gewisser, teilweise sogar ziemlich starker Verfall der Dogmen bei uns zu Hause schon seit langem im Gange. Meine erste Erinnerung an politische Ereignisse datiere ich in das Jahr 1956. Ich war fünf Jahre alt und habe eine ganz intensive Erinnerung an meine völlig aufgelöste Mutter, die nur halb angezogen (es war wahrscheinlich morgens) und mit wirrem Haar und weit aufgerissenen Augen unseren langen Flur lang lief und schrie: »Die Russen sind in Budapest, die Russen!, Budapest!, Panzer ...!«. Dann weiß ich noch, daß man versuchte, mir den Grund des allgemeinen Entsetzens zu erklären – und daß ich es nicht ganz verstand; oder besser gesagt – nichts fühlen konnte. Als ich meine Mutter vor einigen Jahren fragte, ab wann sie Probleme mit ihrer Sozialismusgläubigkeit bekam, war es eben das Jahr 1956 – und nicht, wie ich dachte, die Zeit der liberaleren Jahre in der ČSSR ab 1963.

Wir hatten zu Hause nie einen Fernseher, dafür saß man bei uns dauernd an irgendeinem Radio und hörte nicht-heimische Nachrichten, politische (aber auch kulturelle) Sendungen – und weil die zweite Verkehrssprache bei uns zu Hause Deutsch war, wurden neben *Voice of America* und *Radio Freies Europa* einige deutsche Sender empfangen: *Österreich Eins* aus Wien (damals der kultivierteste Sender von allen, wie meine Oma sagte) oder *Deutschlandfunk* aus

Köln; hier mochte man besonders die witzig-sarkastischen Kommentare über die Presse der DDR. Aber warum erzähle ich das alles: Ich möchte damit deutlich machen, daß ich in einer politisch ausgesprochen aufgewühlten Atmosphäre aufwuchs und daß für mich das Jahr 1968 dann natürlich etwas ganz Besonderes sein mußte. Ich wurde also nicht aus einem ahnungslosen Dämmerzustand erweckt oder von etwas Ungeheuerem überrascht. Der Frühling 1968 war – Verliebtheiten und andere aufregende Dinge gab es gleichzeitig auch noch – wunderbar. Die Angstfreiheit bei den Diskussionen im Stadtzentrum, das Ende der Phrasen in den Medien, die Explosion der schöpferischen Kräfte in der Kultur war überall spürbar – in den Theatern, auf der Karlsbrücke oder bei irgendwelchen Rockkonzerten. Das alles werde ich nie vergessen. Diese Eindrücke waren so stark, daß ich mich heute nicht darüber wundern kann, warum für uns damals – wie schon angesprochen – die Ereignisse in Frankreich oder Deutschland eine so geringe Rolle gespielt haben. Alles war einmalig berauschend – gleichzeitig war man aber auch furchtbar kurzsichtig und naiv; zum Glück hatte ich – sage ich mir jetzt – mit siebzehn sogar mehr Recht dazu als die vielen auch berauschten Erwachsenen. Die Eindrücke aus diesen acht Monaten hielten mich dann noch sehr lange gefangen – so daß ich vielleicht erst zehn Jahre später rigoros und endgültig über das politische Experiment von damals urteilen konnte. Die Erinnerung an das Gefühl, was eine angstfreie, offene Gesellschaft sein kann, blieb in mir aber ganz wach.

Nach dem allmählichen Beschneiden aller möglichen Freiheiten in der Übergangszeit zwischen dem Einmarsch der Russen und der Dubček-Ablösung im April 1969 (angewandt wurde die sogenannte Salami-Taktik) begann dann die schleimig-bedrückende »Normalisierung«. Und diese war für mich letzten Endes viel prägender (weil auch wesentlich länger) als alles andere davor – und vor allem viel wichtiger für das Erfassen der Wirklichkeit des im Ostblock herrschenden Systems. Es waren die Jahre des Zerfalls der einigermaßen vilen Gesellschaft, die Zeit der totalen Desillusionierung. Die Enttäuschung über das massenhafte Umknicken vieler Leute war riesig. Für mich waren diese Jahre auch eine Art lebendige politische Dauerschulung.

Im Sommer 1969 nutzte ich noch die wunderbar problemlose Reisefreiheit und verbrachte den Großteil der Ferien in England – und nahm am 21. August an der großen Protestdemonstration in der Bayswater Road teil, wo sich am Rande von Kensington Gardens die ČSSR-Botschaft befand. Wütend demonstriert wurde damals auch in Prag selbst – und natürlich auch massiv geknüppelt und zurückgeschlagen. Ein Jahr später – also 1970 – war ich im Sommer in Prag – und weil ich damals mit einem kleinen Bäckerlaster Brötchen ausfuhr und um drei Uhr früh aufstehen mußte, überlegte ich mir meine eigene kleine nächtliche Demonstration; in diesem Jahr wurde mit größeren Aktionen nämlich nicht mehr gerechnet. Die meisten hatten innerlich längst kapituliert; und es gab berechtigte Gründe, Angst vor sofortigen Verhaftungen zu haben. Ich stand an dem Tag also eine Stunde früher auf als sonst, und ausgerüstet mit weißer Ölfarbe und einem schmalen Pinsel schrieb ich in meinem Stadtviertel an mehreren Ecken großformatig und wegen des kleinen Pinsels relativ langsam die zwei Ziffern, die für mich alles ausdrückten: 21, 21, 21. Mit dem Bäckerauto unterwegs war ich einigermaßen unauffällig, meine Hände waren nach kurzer Zeit aber voll stinkender, nicht abwaschbarer Farbe – und zum Schluß sah ich schon jemanden die verlassene Dejvická-Straße in meine Richtung rennen; und zwar von dort, wo die ersten 21er zu sehen waren. Ich bin also – so schnell wie es mit dem alten Auto mit nicht-synchronisiertem Getriebe nur ging – geflüchtet; d.h. zur Arbeit gefahren, wo ich mit Benzin das Lenkrad und mir auch die verklebten Hände waschen konnte.

Auf dem Rückweg von der ersten der vier Touren, die ich am Tag zu fahren hatte, bin ich langsam an den von mir bemalten Ecken vorbeigefahren – und war bitter enttäuscht: Schon um diese Zeit (etwa zwischen fünf und sechs Uhr früh) war alles mit grauer Farbe überpinselt. Fast niemand hatte also etwas von meinem Protest mitbekommen; und höchstwahrscheinlich wurden meine 21er wirklich sofort nach meinem frühmorgendlichen Überraschungseinsatz entdeckt. Zu Hause erzählte ich meiner ängstlichen Familie über mein Risikounterfangen natürlich gar nichts und wartete abends ungeduldig auf die Nachrichten aus dem Ausland. Die Bilanz des Tages war aber beschämend: nirgendwo (und es war erst das Jahr 1970 !) gab es nennenswerte Proteste; und ich hatte nach den Nachrichten das Gefühl wie schon in der Nacht: allein oder – besser gesagt – ziemlich isoliert zu sein.

Wer heute im Zusammenhang mit 1968 von einem »Kommunistischen Putsch« spricht, verfälscht die Geschichte. Reformiert wurde damals alles – und überall und freiwillig; nicht nur von oben nach unten. Und gerade das Spontane, Nicht-Gesteuerte, ohne Gewaltanwendung Nicht-zu-Bremsende war die Bedrohung, die die Russen als unannehmbar empfinden mußten. Die Zensurbehörde löste sich zum Beispiel durch eine interne Abstimmung ohne Rücksicht auf die Arbeitsplätze der Mitarbeiter selbst auf; unter dem Namen »Der Klub der engagierten Nicht-Parteimitglieder« formierte sich die erste, den Sozialismus nicht-bejahende Partei; die Armee reformierte sich und wollte perspektivisch raus aus dem Warschauer Pakt; die Staatssicherheit wollte weniger die eigenen Landsleute bespitzeln und sich mehr der Außenspionage zuwenden ... und jeden Tag gab es etwas Neues, der Prozeß war im Grunde nicht zu stoppen. Über die Reformen bei der Staatssicherheit wußte ich etwas aus erster Hand von meinem Vater, der bei uns zwar seit meinem zweiten Lebensjahr nicht mehr lebte, zu dem ich aber regelmäßig Kontakt hatte. An ihm konnte ich außerdem beobachten, wie persönliche Schicksalsschläge die politischen Meinungen eines Menschen fast über Nacht ändern können. Mein Vater war als Stasi-Major offenbar eifrig dabei (Genaueres erzählen durfte er natürlich nicht), als seine Behörde 1968 reformiert wurde, war aber immer noch ein ziemlich strammer Genosse und soweit konservativ, daß r uns im Laufe der ersten acht Monate von 1968 mehrmals stritten. Er wurde dann aber irgendwann 1969 als Reformer (aber vielleicht spielte als zusätzlicher Grund oder Vorwand das Trinken schon eine Rolle) aus der Behörde entfernt und fing dann an, nicht nur wirklich exzessiv zu trinken, sondern auch furchtbar zu schimpfen. Er ging dabei so weit, daß es selbst mir damals schon zu viel wurde – plötzlich waren »alle Kommunisten Verbrecher« und so ähnlich ... Er starb dann bald.

Unmittelbar nach dem Einmarsch waren die Tschechen relativ lange – jedenfalls noch einige lange Monate – die heimlichen Sieger. Und man merkte erst nach und nach, daß man doch verlor und daß die Fronten anders verliefen, als man dachte; bzw. sich ständig zu Ungunsten derer verschoben, die sich nicht arrangieren wollten. Die liberaleren Verhältnisse überlebten den Einmarsch in manchen Bereichen aber sogar noch bis zu ein, zwei Jahren; das hing z. B. damit zusammen, daß man nicht sofort alle auf einmal von ihren Arbeitsstellen entfernen konnte bzw. daß diejenigen, die blieben, erst nach und nach eingeschüchtert werden konnten. Ich wurde 1969 von eindeutig nicht ganz linientreuen Armeeärzten wegen einer Nichtigkeit von der Armee befreit und 1970 ohne jeglichen politischen Druck zum politisch neutralen Studium (Datenverarbeitung) angenommen. Der Druck steigerte sich dann aber sehr schnell, Säuberungen und politische Überprüfungen kamen ab 1970 voll in Gang. Die Atmosphäre an der Hochschule in Prag und auch in der gesamten Gesellschaft wurde für mich so unerträglich, daß ich nach drei Semestern das Studium freiwillig schmiß und aus der »goldenen Stadt« wegging – und zwar so weit und so hoch wie nur möglich: in die Slowakische Hohe Tatra. Prag war damals furchtbar bedrückend, der kulturelle Zerfall demoralisierend. Seit dieser Zeit konnte ich nicht mehr hören, wenn mir Leute in der DDR von meiner »schönen« Stadt vorschwärmten oder mich fragten, wieso ich denn nur aus Prag nach Ostberlin ziehen konnte. Es war für mich aber eine große Erleichterung und Befreiung, in der zweiten Hälfte der 70er zu meiner Frau nach Berlin gehen zu können. Ich mußte mir den gesellschaftlichen Verfall, das Absacken des kulturellen Niveaus nicht jeden Tag ansehen. Von der DDR erwartete ich nichts Besonderes. Und Ostberlin galt eben sowieso als häßlich, und das war gut so – die Stadt täuschte nichts anderes, besonderes vor. Aber was ich nicht wußte – in Ostberlin wartete auf mich etwas sehr Erfrischendes, wovon ich gar keine Ahnung hatte. Es hat bei meiner Entscheidung, die ČSSR zu verlassen, zwar keine Rolle gespielt, bedeutete für mich letzten Endes aber einen großen Zugewinn: Es gab dort eine nicht-konforme Künstlerszene, die sich Freiheiten herausnahm, die in Prag damals undenkbar waren. Und zum Glück waren diese Freiheiten nicht nur auf die Kreise um einige besonders aktive Spitzel beschränkt.

Die Atmosphäre von 1968 wirkt in mir bis heute unter anderem aus dem Grund nach, weil der Kontrast zu der Grundstimmung der nächsten zwei Jahrzehnte für mich in Prag immer zu spüren war; und ich konnte über den Prager Frühling – wie gesagt – lange nicht ganz böse sein, nicht genug Kritisches über dieses sogenannte »Experiment der kommunistischen Eliten« vorbringen, egal wie stark es der Zeitgeist forderte. Auch heute ist mir zum Beispiel bei wütenden Tiraden junger radikaler Katholiken, die keine Gnade gelten lassen wollen und ehemalige Oppositionelle verachten, nur weil sie irgendwann Genossen waren, nicht ganz wohl. Meiner Meinung nach war viel mehr als das, was damals in die Wege geleitet oder realisiert wurde, überhaupt nicht möglich; die Gratwanderung, diese »Kunst des Möglichen« haben die führenden politischen Köpfe von damals schon beherrscht, einigermaßen professionell Politik gemacht und den Weg allen anderen, die etwas anderes wollten, zugleich auch freigemacht. Eine viel radikalere Politik wäre damals nicht realisierbar, wäre im Hinblick auf die Russen – die ausgerechnet Dubček leider immer noch allzu innig liebte – nicht durchzusetzen gewesen. Und zu irgendeiner Art Sozialismus gab es erst einmal ohnehin keine Alternativen, was der folgende Spruch von damals ganz gut ausdrückt: »Wem eigentlich könnte oder sollte man die ganzen

.oriken von heute auf morgen überhaupt übergeben?« Alle ande-,en grundsätzlichen Veränderungen – wirtschaftliche und politische – hätte die Entwicklung nach und nach sowieso mit sich gebracht; auch das Ende der progressiven Teile der kommunistischen Elite.

Wenn man sich vor Augen führt, was diese kommunistische Partei – eine der skrupellosesten im Ostblock – in ihrer kurzen Geschichte schon alles verbrochen hatte, hat natürlich die damalige Einheit zwischen Partei und Volk, diese eigenartige kurze Verschmelzungsphase – jetzt mit Abstand gesehen – auch etwas Irres, Seltsames. Trotzdem sind die meisten der nachträglichen radikalen Angriffe gegen die 68er Reformer ziemlich ungerecht – und sie beruhen meist nur auf nachträglicher Besserwisserei. Und nicht zu vergessen: Die meisten der Protagonisten von 1968 haben nach dem Einmarsch ihr Engagement teuer bezahlt.

Die DDR-Linken und die tschechische Opposition

Jan Faktor

Von vielen DDR-Linken wurden die intellektuellen Protagonisten der tschechischen Opposition bewundert und als Vorbilder empfunden. Natürlich Havel, dann wieder mal Uhl[1] oder Dubček oder Pelikán[2] oder Mlynář.[3] Ich konnte mich darüber aber nicht so richtig freuen, weil ich wußte, daß dazu oft nur Wunschdenken bzw. fehlende Informationen beigetragen haben konnten. Auf ganz wesentliche Unterschiede im Hintergrund und in den Positionen dieser Politiker (bzw. späteren Oppositionellen) wurde nicht geachtet; z. B. darauf, daß man das Gros der tschechischen Intellektuellen nach dem Schock von 1968 viel eher als *bürgerlich* hätte definieren müssen; auf jeden Fall nicht unbedingt als *links*, wie es dauernd stillschweigend passierte. Peter Uhl wurde in der DDR – für seinen Mut natürlich zu Recht – bewundert. Man wußte aber leider nicht, daß er in Prag – politisch – eine Randfigur war und wegen seines linken Dogmatismus' nicht besonders ernst genommen wurde.

Für mich als Tschechen, der seit Mitte der 70er Jahre halbwegs, ab 1978 dann nur noch in Berlin(Ost) lebte und Freunde unter den DDR-Linken hatte, waren ihre Eigenarten nicht ganz so schwer zu durchschauen. Bei Gesprächen mit ihnen mußte ich immer mitphantasieren, wie absurd sich manche ihrer Ansichten in Prag

---

[1] Einer der wenigen tschechischen Oppositionellen, der sich auch nach dem Einmarsch von 1968 als Marxist und Kommunist bezeichnete; aber gleichzeitig auch als Anti-Stalinist. Als Dissident mehrfach inhaftiert.

[2] 1968 Direktor des staatlichen Fernsehens und Mitglied des Zentralkomitees der kommunistischen Partei; enger Berater von Parteichef Dubček. Lebte seit dem Einmarsch im italienischen Exil, wo er die in der ČSSR verbotene Zeitschrift »Listy« herausgab. Es war eine der wichtigsten politischen Zeitschriften der Emigration, die unter Gefahren illegal auch zurück ins Land geschmuggelt wurde.

[3] Mitglied des Politbüros der Partei, enger Vertrauter von Parteichef Dubček. Emigrierte nach der Unterzeichnung der »Charta 77« nach Österreich. Über die Ereignisse des August 1968 schrieb er das Buch »Nachtfrost«.

…hören würden, und war gezwungen, dazu möglichst schnell eine …Haltung zu finden.

In der DDR lebten viele Hoffnungen, die woanders im Ostblock mehr oder weniger tot waren, munter weiter. Und zwar nicht nur in den Köpfen der älteren, sondern auch in den Köpfen der jungen Linken. Aber was mir schon damals sofort auffiel – der besondere DDR-Blick auf die Dinge war nicht nur unwesentlich »verschoben«; man konnte ihn nicht einfach nur aus dem Umstand erklären, daß hier »zu lange« keine Panzer gegen Menschen und Reformen aufgefahren waren. Dieser DDR-Blick war ziemlich auffällig anders. Bei den meisten, die ich kennenlernte, vermißte ich die mir vertrauten Blicke, wie ich sie von anderen illusionslosen Osteuropäern kannte. Meine Ostberliner Freunde hatten nämlich eine Gläubigkeit unverwechselbarer Prägung. Aber diese Gläubigkeit hatte nichts mit Bravheit zu tun, sie war nicht der Erfolg der Erziehung oder der Propaganda – darüber gab es keine Zweifel; ich kannte ja die Leute gut genug. Sie waren sehr eigenwillig und haben keine Phrasen nachgeplappert. Einige von ihnen waren zudem aus ihren Instituten rausgeschmissen worden und arbeiteten in Fabriken. Viele haben bewußt auf eine Karriere verzichtet. Ihre Gläubigkeit hatte also nichts mit Angepaßtheit zu tun; sie war aber *auch nicht* – das wurde mir nach und nach klar – nur auf dem eigenen geistigen Boden gewachsen. Diese Gläubigkeit kam – wie auch die Musik oder die grünen Parkas oder der wirklich klebende »tesa-film«, »Kennzeichen D«, »Weltspiegel« und vieles mehr – aus dem Westen. Sie hatte ein Standbein in den Diskussionszirkeln der westdeutschen Linken, in der APO oder in den K- oder anderen (z. B. anarchistischen) Gruppen; diese Gläubigkeit nährte sich u. a. von der Wut der West-Linken auf deren nicht sehr mütterliches System, sie nährte sich aus dem Wissen über die globalen Probleme in der Welt. Aber auch aus der Auch-Ohnmacht, aus dem Auch-Nicht-Glücklich-Sein dieser Leute, die man dort im Westen persönlich kannte. Oft waren das sehr nahe Freunde von früher. Und zusätzlich gefüttert wurde diese Gläubigkeit durch immer neue (neo)marxistische oder eben links-alternative politische Literatur, die in die DDR geschmuggelt wurde. Im Vergleich zu Prag ging man hier an die Dinge viel theoretischer heran und konnte u. a. auch völlig unhaltbare politische Vorstellungen mit Mengen von angelesenem Wissen beeindruckend untermauern. Von einem solchen wissenschaftlichen Apparat hätten viele junge Tschechen oft nur träumen können; dafür besaßen sie mehr gesunde Skepsis und lebendige Ironie als die Deutschen.

Zu der »ideellen Infiltration« aus dem Westen gehörten in der DDR in erster Linie aber nicht die reinen Informationen. Maßgeblich waren (ich konnte es bei meinem »Assimilationsprozess« auch an mir beobachten) nicht irgendwelche Fakten, sondern das, was man unverfälscht als persönlich Erlebtes – also im Westen persönlich Erlebtes – mitbekam. Sei es in Fernseh-Interviews, die man gespannt verfolgte, sei es in direkten Gesprächen mit West-Freunden, die zu Besuch kamen. Hier waren keine trockenen Theorien im Spiel. Bei dieser direkten Berichterstattung – also bei Nachrichten sozusagen aus dem Bauch(West) – konnte man am besten spüren, daß die Haltungen dieser kritischen West-Intellektuellen nicht aufgesetzt und nicht künstlich waren. Man konnte live erleben, daß sie – zumindest in ihrer Schärfe – mit den eigenen vergleichbar waren. Und man konnte diese Ansichten nicht einfach vom Tisch wischen, sie waren irgendwo authentisch.

Die linke Gläubigkeit in der DDR wuchs also nicht einfach nur illusorisch im luftleeren Raum. Sie wuchs schon auch auf realen Informationen; die linke Bewegung drüben im »Westen« war auch real und lebendig (wie realistisch, ist eine ganz andere Frage). Für den »Osten« hatte das aber besondere Konsequenzen – man konnte hier dadurch ganz leicht eine besondere Art von Blindheit entwickeln; und man entwickelte sie auch. Der (imperialistische) Teil der Realität, gegen den man auch ankämpfen wollte und der einen großen Teil der Berechtigung für die Theorien und die eventuellen Gegenmodelle lieferte, lag hinter der Grenze. Und mit der – damals jedenfalls sehr suggestiv wirkenden – Authentizität der West-Linken wurden in die DDR witzigerweise Illusionen auch über Dinge importiert, an denen man selbst eigentlich viel näher dran war.

Trotzdem – alle diese Ost- wie West-Erfahrungen, die ich in der DDR vermittelt bekam oder selbst machen konnte, waren für mich in vielerlei Hinsicht eine große Bereicherung. Und ich bin für sie auch sehr dankbar, obwohl ich mit meinen eigenen Ansichten in diesen Kreisen nie heimisch werden konnte. Die Begeisterung für das ziemlich humorlose Theoretisieren, das halbkonspirative bis konspirative, von Hoffnungen auf eine gerechtere Gesellschaftsordnung getragene Zirkel-Wesen ist mir fremd geblieben. Ich konnte aber dank der neuen Anregungen eine andere Art Blindheit (die westlichen Demokratien – vor allem die amerikanische – wurden in meiner Heimat stark idealisiert), ich konnte meine Blindheit, die ich wiederum aus Prag mitbrachte, ablegen.

In den achtziger Jahren ist von der Realitätsferne und der Theoriebesessenheit der DDR-Linken dann aber zum Glück einiges abgebröckelt; es gab auch zunehmend andere Möglichkeiten, aktiv zu sein; nicht nur kulturell, sondern auch in Umwelt- und Menschenrechtsgruppen. Vor allem hier ist man der Realität wieder näher gekommen. Das Ideologische trat in den Hintergrund, und die intellektuelle Opposition hat sich teilweise von einer »theoretisierenden« zu einer »praktizierenden« gewandelt. Nur ein Teil der Intellektuellen, die ich in den 70er Jahren kennenlernte, ist in den 80ern in der links-dogmatischen Ecke geblieben.

Den DDR-Intellektuellen, die nun mal nicht zu Dissidenten nach den ausgewählten, z. B. tschechischen oder polnischen Vorbildern geworden sind, werden mit Genuß Vorwürfe gemacht. Es wurde ihnen suggeriert – besonders nach der Wende –, daß sie ALLE bitteschön ein schlechtes Gewissen haben sollten – wegen der nur ungenügenden oder zu späten Gründungserfolge (»nichts Vergleichbares zu ›Charta 77‹ ...«) oder weil sie das oder jenes nicht gewagt hatten usw. Unterstellt wurden indirekt Feigheit, Inkonsequenz,

Opportunismus, Angst vor Verlust von Privilegien. Zum einen vergaß man bei diesen Prozeduren die Masse derjenigen – und es waren nicht wenige –, die *keine* Privilegien zu verlieren hatten, zum anderen übersah man, daß in dieser DDR als einer sozusagen »breitspektralen ideologischen Einflußsphäre« des Westens manche ideologischen Sprünge oder Entwicklungen überhaupt nicht möglich waren. Dafür, daß die DDR-Intellektuellen nicht so geworden sind, wie sie es vielleicht sollten, gab es ganz klare Gründe. Zum Teil natürlich mit problematischen Folgen: Auch die nicht-angepaßten Intellektuellen, um die es mir hier vor allem geht, waren in der DDR leider – zwar durch Umwege, aber trotzdem – nicht ausreichend entfernt von der offiziellen Ideologie. Man hatte hier – auch noch wegen der antifaschistischen Ursprünge der DDR – eine relativ hartnäckige Beißhemmung gegenüber diesem Staat. Es konnte hier also schwer etwas Vergleichbares zu »Charta 77« gegründet werden; die stand auf einer eindeutig unversöhnlichen und eigenständigen Position. Vorwürfe kann man den DDR-Intellektuellen deswegen natürlich – wenn's sein muß – ruhig machen, man darf damit aber keine falschen und sowieso zu späten Empfehlungen verbinden und alle – auch die eindeutigen Nicht-Opportunisten – mit stereotypen Beschuldigungen belegen. Ich habe mit der Zeit gelernt, die Haltungen der ostdeutschen Linken zu respektieren (ohne dabei einer zu sein). Und das Besondere an diesen als die Konsequenz der Teilung des Landes zu sehen, die in Europa eben einmalig war und unverwechselbare Verquickungen mit sich brachte.

Auf dieser ideologischen Nähe basierte auch eine gewisse Identifikation der ansonsten radikalen Oppositionellen mit dem DDR-Staat; man fühlte sich mit ihm auf einer tieferen Ebene doch verbunden. Man meinte sogar, in der (trotz aller Probleme) doch besseren Sozialform zu leben. Die DDR wurde von ihnen (und nicht nur von ihnen) lange als immer noch reformierbarer Gegenentwurf zur Bundesrepublik empfunden. Und noch etwas: Man identifizierte sich mit dem DDR-Staat auch wegen seiner klaren antifaschistischen

Ursprünge und auch aus anderen, nur psychologisch einigermaßen erklärbaren Motiven. Die DDR-Oppositionellen waren mit-verfangen im stillen Konkurrenzkampf mit der Bundesrepublik. Mehr oder weniger bewußt wollte man doch nicht mit dem Gefühl leben, daß dieser Staat DDR, in dem man nun mal das eigene Leben verbrachte, in so vielen Punkten um so viel schlechtere Karten haben sollte, so viel schlechtere Arbeits- und Lebensbedingungen bieten sollte. Man konnte und wollte nicht mit dem Gefühl leben, daß fast alles um einen herum – einfach so und nur scheinbar ohne tieferen Sinn und Grund – in dieser grauen DDR grauer, häßlicher, miefiger war als in der »untergehenden« Bundesrepublik; man brauchte ein bißchen Stolz (Minderwertigkeitsgefühl wurde überkompensiert, um es rein fachlich auszudrücken) und *man entwickelte schon wegen des eigenen Selbstwertgefühls einen gewissen Patriotismus*, der dann gerade in der Wendezeit sehr schnell manifest wurde und bei vielen Intellektuellen bis heute eine Akzeptierung der neuen Verhältnisse so schwer macht.

Und noch ein Umstand, der alle Vergleiche mit der Opposition z. B. in der ČSSR fragwürdig macht: In der DDR kam es in der »spätsozialistischen« Phase nicht zu so einem derart brutalen und abrupten Bruch in der Gesellschaft wie in der damaligen ČSSR nach 1968, wo bei den Säuberungen (den sogenannten »Überprüfungen«) nach und nach hunderttausende – meist Intellektuelle – ohne jedwede Rücksicht aus ihren Berufen geworfen wurden; und wo sie dann nicht mehr so viel zu verlieren hatten (mit Familienangehörigen, also auch Kindern, die mitbetroffen waren, schätzt man die Zahl der Diskriminierten auf eine Million). Die oppositionelle Arbeit war für die tschechischen Dissidenten dann das einzige, wo sie – auch um sich geistig fit zu halten – aktiv sein konnten. Und bei der Charta 77 bitte ich noch eins nicht zu vergessen – eine Massenbewegung war sie nicht. Für den tschechischen Normalbürger hatte sie immer auch eine bequeme Vorzeigefunktion.

Und noch etwas sehr Wichtiges: In der Tschechoslowakei wurde bis zuletzt mit unsinniger Konsequenz das sogenannte Parasitentum –

ein Parasit war automatisch jeder, der kein Arbeitsverhältnis nachweisen konnte – strafrechtlich verfolgt, was für Intellektuelle besonders böse Konsequenzen hatte. Sie mußten bei ihnen völlig fremden, in der Regel – es war eine Art Bestrafung – möglichst ganz minderwertigen und oft sehr lästigen manuellen Arbeiten ihre Fähigkeiten und Kräfte vergeuden. Vielen blieb nur wenig Energie und Zeit für geistige Aktivitäten übrig. Nicht-Beschäftigung hätte in der Regel aber wirklich Gefängnis bedeutet. Jeder Polizist konnte bei einer Ausweiskontrolle feststellen, ob man arbeitete oder nicht, weil der Ausweis vom Arbeitgeber abgestempelt werden mußte. Eine Anekdote dazu: Der Baßgitarrist Hlavsa von der Rockgruppe »Plastic People of the Universe« lief in den Zeiten, wo er keine Arbeit hatte, z. B. mit einem Ski in Prag herum, um bei einer Ausweiskontrolle sagen zu können, er käme gerade aus den Bergen – und auf der Rückfahrt wäre ihm sein Rucksack mit dem Ausweis und die Ausrüstung geklaut worden. Der eine übriggebliebene Ski war zwar als Beweis nicht ganz logisch, wegen der Anschaulichkeit hat es bei den tschechischen Polizisten aber immer funktioniert. Für den Sommer hatte Hlavsa dann andere Tarnkostüme und Legendierungen bereit; spielte z. B. einen Blinden. Václav Havel stellte bei einer kleinen Umfrage im Gefängnis von Ruzyně fest, daß über die Hälfte der Insassen, mit denen er Kontakt aufnehmen konnte, nach dem Parasitentum-Paragraphen 203 verurteilt worden war; er beschreibt in einem kurzen Aufsatz[4] z. B. auch einen älteren Mann, der nur vorübergehend in einer Kneipe ohne Arbeitsvertrag ausgeholfen hatte. Eines Tages wurden dort die »Občanky« (die Personalausweise) kontrolliert ...

Irrtümer gehören aber unzertrennlich zum Zusammenleben der Völker. Die Tschechen – und ich auch, obwohl ich die DDR schon vor meiner Übersiedlung einigermaßen gut kannte – irrten sich in der Einschätzung dieses Landes gewaltig. Für die meisten Tschechen waren die DDR-Bürger alle gleich: verbohrt, naiv, staatstreu gläubig

[4] »§ 203« in Sebrané spisy, sv. 4 (Gesammelte Werke, Band 4), Praha 1999 (TORST)

und – nicht nur ideologisch – ein bißchen dumm. Wie man eben aus der Ferne über Fremde urteilt, die man nicht besonders mag und vor allem nicht gut kennt. Die ganze DDR erschien den Tschechen als eine politisch-polizeilich gut durchorganisierte Hölle, wo alle auch den größten ideologischen Quatsch glaubten und ernst nahmen. Man kannte nämlich meistens nur die überbraven, langweilig und ordentlich gekleideten Kleinbürger-Familien (die sogenannten *DeDe-*Rons), die im Sommer die tschechoslowakischen Erholungszentren überfluteten; charakteristisch für sie war, daß die Familienväter – damals war es eine Neuheit – meistens helle *Dederon*-Hemden anhatten. Mit den teilweise nicht ganz unbegründeten Aversionen gegen diese Sorte der Ostdeutschen konnten die Tschechen aber gleichzeitig ganz gut die eigene Bravheit, Kleinbürgerlichkeit und Anpassungsbereitschaft zudecken. Über die oppositionellen Linken in der DDR oder die anarchisch lebenden Chaoten und Aussteiger oder über die Opposition, die sich bei der Kirche oder völlig eigenständig und halb konspirativ formierte, wußte man wenig oder gar nichts; auch nichts weiter über die Ausmaße, die die verschiedenen oppositionellen Strömungen annahmen. Oder man glaubte einfach den Informationen, die aus der DDR kamen, nicht sonderlich. Und man blieb blind für den Fakt, daß in der DDR einfach unter ganz anderen politischen Vorraussetzungen – aber auch bewußt und auf andere Art konsequent – Opposition wuchs und zum Teil Formen annahm, die in der ČSSR wegen des viel stärkeren polizeilichen Drucks damals nicht denkbar waren. Um so größer war dann im Herbst 1989 die Überraschung, daß der langersehnte Aufbruch unerwartet gerade in der »verschlafenen« DDR seinen Anfang nahm.

Zur Sonderstellung der DDR im Ostblock trug maßgeblich auch die massive und – gerade was das oppositionelle Potential betraf – fast kontinuierliche *Abwanderung in Richtung Bundesrepublik* bei. Das hatte auf intellektuellem Gebiet nicht nur große Verluste bei den geistigen Eliten aller wissenschaftlichen und kulturellen Sparten zur Folge, das hinterließ auch gravierende Spuren in der soziologischen

Struktur der DDR-Intelligenz und in der aus ihr hervorgetretenen Opposition. Durch die Abwanderung derjenigen Intellektuellen, die sich – als eher bürgerliche (oder rechte oder links-anarchistische; also wie auch immer) – mit der DDR nicht identifizieren konnten, oder dann sogar noch durch die Zuwanderung von West-Intellektuellen, die die DDR als ihren Staat ansahen, kam es zu einer ganz starken *Linksverschiebung des intellektuellen Spektrums in der* DDR. Die späteren Kritiker des »Real-Existierenden« kamen dann natürlich auch erstmal verstärkt aus den eigenen Reihen der Linken und waren mit dem System alles andere als nicht-verstrickt. Die Rechte spielte in der DDR dann logischerweise kaum eine Rolle – sie war entweder nicht oder nicht mehr im Lande oder verschwand (aus gutem Grund) in der Zone des allgemeines Schweigens. Die Angst-Barriere durchbrachen (rechts) dann erst in den 80er Jahren die jugendlichen Rechten – brutal und anti-intellektuell. In diesem Text spielt die Rechte keine Rolle – in den Bereichen, um die es hier geht, war sie nicht relevant.

Aus mehreren, hier in Kürze dargestellten Gründen konnte in der DDR in den 80er Jahren gar keine breitere oppositionelle Basis entstehen. Man war hier noch zusätzlich materiell nicht ganz so arm dran (oder relativierte die Armut im Hinterhof – weltoffen, wie man war – mit der Armut in der dritten Welt) und litt auch dadurch nicht ausreichend an der Realität des eigenen Landes. Und der geistige Horizont derer, von denen breitere Zustimmung oder Unterstützung dieser Opposition hätte kommen können, war auch »extramural« – das »Volk« sah abends fern und stand zum Teil auch schon lange vor der Wende mit einem Bein im Westen; und politisch sowieso ganz woanders. In den guten Stuben saßen – wie in Retorten vorgebrütet – nicht nur apolitische brave Bundesbürger, sondern auch die strammen »Nationalbewußten« und die zukünftigen Jungsozialisten; und und ...

Das abrupte Scheitern der Bürgerbewegungen als Bürgerbewegungen will ich nicht weiter kommentieren, das steht mir aus mehreren Gründen nicht zu (ich habe meine Blindheit woanders kultiviert und bin im Prenzlauer Berg in eine ganz andere Sackgasse geraten). Vorwürfe kann man an dieser Stelle jetzt nur denjenigen machen, die die Gründe dieses Scheiterns woanders suchen und ihren Anteil daran nicht sehen wollen. Der Boden für die sogenannte »Kolonialisierung« durch die Bundesrepublik nach der Wende war nämlich auch in *ihren* Köpfen, in den Köpfen der Ost-Linken, seit langem vorbereitet.

Zum Abschluß dieses Problemkreises ist es noch wichtig, einen besonderen Grund anzuführen, der zur Unlust vieler beitrug, sich in der DDR politisch zu engagieren oder zu profilieren. Diesen Grund kann man nämlich in der Teilung Deutschlands finden; er ist also von außen determiniert. Im politischen Handeln war man in der DDR leider im doppelten Sinne unfrei. Jede oppositionelle Aktivität wurde in der Bundesrepublik sehr aufmerksam verfolgt und publik gemacht, natürlich auch politisch und durch Projektionen besetzt. Oft wurde sie von Leuten gutgeheißen, mit denen viele Linke sonst politisch nicht viel gemein hatten. Von verschiedenen Journalisten wurden viele Ereignisse oder Aktionen oft überbewertet, falsch oder nicht genau genug interpretiert; mit Hilfe eines psychologischen Begriffs und ein bißchen provokativ gesagt – man war in der DDR in gewissem Sinne »overprotected«; und durch den »größeren Bruder« in der Bundesrepublik auch zu einer gewissen Unselbständigkeit verdammt. Es entstand auch ein gewisser Druck, Erwartungen zu bedienen, sich dem oft vereinfachenden West-Blick anzupassen. Und es gab Einzelpersonen, die dies nicht ausreichend reflektierten und ihre Eitelkeit vor Journalisten zum Ärger von vielen ihrer Mitstreiter mit wenig Feingefühl befriedigten. Diese Personen diskreditierten zwar keineswegs die ganze Opposition, zeigten aber damals schon deutlich, wie schwierig die Lage der aktiven DDR-Oppositionellen war. Man konnte also – auch ohne die Beeinflussung der Stasi – leicht eine Scheu davor entwickeln, sich politisch zu profilieren, also sich überhaupt zu exponieren und hatte einen Grund mehr, sich eine gewisse Freiheit von dieser »innerdeutschen Zwickmühle« in politischer Neutralität zu suchen. Noch anders ausgedrückt: die apolitischen Haltungen boten einen nicht sehr ruhmreichen, aber trotzdem verständlichen Ausweg aus dem ideologisch mehrfach besetzten Raum zwischen Ost und West. Solche »isolationistischen« Tendenzen (also: keine Westpresse usw.) hörte man jedenfalls von allen möglichen Seiten – nicht nur aus dem apolitischen (kulturellen) Untergrund; man hörte sie auch aus dem Pankower Friedenskreis,[5] aus der Umgebung der Umweltbibliothek.[6] Und dies war nachweislich nicht das Werk der Staatssicherheit. Diese Problematik ist der geistigen Ausformung des »intellektuellen Standorts DDR« immanent und hängt nach Ansicht des Verfassers eng mit dem bereits im Text »Die DDR-Linken und die tschechische Opposition« angesprochenen Thema des DDR-Patriotismus der Oppositionellen zusammen.

[5] Ein oppositionelles Diskussionsforum, das sich in den 80er Jahren regelmäßig in der Kirchengemeinde Alt-Pankow in Berlin zusammenfand.

[6] Erste vom Staat nicht kontrollierte Bibliothek bei der Zionskirch-Gemeinde in Berlin (gegründet 1987). Buchbestand kam vorwiegend aus (West)Spenden zusammen. Die Gruppe der Organisatoren gab auch eine nicht-zensierte Zeitschrift (»Umweltblätter«) heraus und bot die Räume der Bibliothek für diverse alternative Veranstaltungen an.

Abspaltungsprozesse unter den jungen DDR-Intellektuellen von 1968 bis 1989

Jan Faktor

Der folgende Aufsatz will die Entwicklung, die nach 1968 in der DDR einsetzte, etwas systematisch beleuchten und bis ans Ende der 80er Jahre skizzieren. In dieser Entwicklung sind vier relativ klar erkennbare Phasen auszumachen – und auch die Gründe für die jeweiligen Brüche in diesen Phasen. Zu ihnen haben bestimmte charakteristische Abspaltungsprozesse geführt.

Nach der Okkupation der Tschechoslowakei 1968 erlitt jegliche Opposition in der DDR zunächst einen schweren Rückschlag und war Repressionen ausgesetzt. Vom Aufkeimen einer oppositionellen Bewegung oder alternativen Kultur konnte man damals noch nicht viel spüren. In den Kreisen der kritischen Intellektuellen kam dennoch ein Differenzierungsprozeß in Gang – einerseits öffentlich, andererseits unter der Oberfläche.

Einiges aus dieser – von Annette Simon bereits behandelten – ersten Phase möchte ich noch kurz benennen: Auf der öffentlichen, offiziellen Ebene wurden die neuen Impulse (ca. erst ab 1972) von kritischen Schriftstellern und Liedermachern aufgenommen, die damals noch – wie denn auch sonst – an die Durchsetzung der neuen Ideen und Konzepte im Rahmen der bestehenden Ordnung glaubten. Man versuchte, in Jugendklubs Veranstaltungen zu machen, wo offen über alles diskutiert werden sollte und künstlerische Freiheit erlaubt sein sollte. Es waren in Berlin zum Beispiel der Arbeiter- und Studentenklub in der Rosenthalerstraße, später dann der »Eintopp« im Haus der jungen Talente, der »Kramladen« in der Langhansstraße, die »Box«, ein Club in der Bödikerstraße (alles in Berlin) u. a. Alle diese Versuche wurden aber früher oder später abgewürgt oder direkt verboten. Einige der neuen kritischen Künstler, die sich hier engagierten, kamen – damals noch als ganz junge Menschen – aus der offiziellen, von der FDJ[1] getragenen Singe-Bewegung.

Parallel dazu – und das ist die andere Seite dieser ersten Spaltung – tat sich aber auch einiges unter der Oberfläche. Auf der nicht-offiziellen Ebene fanden sich in einigen großen Städten kritische Köpfe zusammen, die von vornherein wußten, daß sie sich nicht in die Öffentlichkeit begeben durften. So entstanden – neben den von Annette Simon beschriebenen politischen – auch verschiedene andere Zirkel; es waren Diskussionskreise von jungen Wissenschaftlern, Literaten und Künstlern, die die Notwendigkeit spürten, sich außerhalb der Verbände oder Institutionen zusammenzutun. Zu ihnen stießen natürlich auch diejenigen Künstler und Intellektuelle, die nach dem Verbot ihrer offiziellen Veranstaltungen aus der Öffentlichkeit verdrängt wurden. Die entstandenen Zirkel hatten ganz unterschiedliche Ausrichtungen, außerdem auch eine unterschiedliche politische Brisanz. In erster Linie wollte man sich hier ohne staatliche Reglementierungen in den unterschiedlichsten Bereichen weiterbilden, um sozusagen für den späteren Aufbruch auch »intellektuell gerüstet zu sein«; man könnte sie Bildungskreise nennen. Man traf sich regelmäßig, bereitete sich durch Lektüre vor, lud Gäste ein – natürlich auch Westfreunde, die gerade zu Besuch da waren und Interesse am Austausch hatten. Manche der ganz aktiven Intellektuellen engagierten sich parallel in mehreren solchen Bildungskreisen und sahen darin – da sie sich in ihrem Berufsleben nicht wirklich entfalten konnten – ihre eigentliche geistige Aufgabe. Für das intellektuelle Niveau der DDR-Intellektuellen hatten diese Kreise eine große Bedeutung. Es läßt sich leider schwer schätzen, wie viele solche Kreise es insgesamt gab – der Verfasser weiß aber aus eigener Erfahrung, daß man von allen möglichen Seiten über die Existenz solcher Gruppierungen und

[1] Freie Deutsche Jugend – einheitliche Massenorganisation für Jugendliche ab 14 Jahren.

Zusammenkünfte hörte und den Eindruck hatte, jeder Freundeskreis, der etwas auf sich hielt, veranstaltete einigermaßen regelmäßig private Diskussionsabende. Oft wurde hier nichts sonderlich geheim gehalten. Unter diesen Intellektuellen gab es die ganze Zeit in ausreichendem Maße auch solche, die von vornherein – und nicht aus Angst – von subversiven politischen Theorien nicht viel hielten.

Parallel zu diesen Gruppenbildungen entstanden in den 70er Jahren die verschiedensten neuen Rockgruppen, die immer gleichzeitig auch eine »erweiterte Gruppenbildung« mit sich brachten – um die Gruppen sammelten sich nämlich die sogenannten »groupies« und bildeten landesweite Netzwerke, die eine rege Reisetätigkeit in Gang setzten und völlig losgelöst von den staatlichen Strukturen prächtig funktionierten.

In der ersten Hälfte der 70er Jahre waren also viele Intellektuelle, die nicht bereit waren, sich unmündig machen zu lassen und die sich auch direkt – wo es eben ging – engagieren wollten, über Jahre mit Theoretisieren, Weiterbilden und Diskutieren beschäftigt. Die Bewegung in Richtung zu konkreterem Handeln kam nach der Ausbürgerung von Wolf Biermann 1976 und nach der Veröffentlichung der »Alternative« von Rudolf Bahro. Hier setzte – nach Meinung des Verfassers – der sehr wichtige *zweite Abspaltungsprozeß* unter den jüngeren, oppositionell denkenden Intellektuellen ein. Ein Teil von ihnen fand das endlose Diskutieren nicht mehr produktiv und sinnvoll und suchte andere Wege. Da das Selbstbewußtsein, das später die alternativen Gruppen an den Tag legten, zu diesem Zeitpunkt noch nicht vorhanden war und auch die zu befürchtenden scharfen Repressionen zur Vorsicht zwangen, kam es in dieser Zeit eher zu individuellen Einzelaktionen oder Protesten, zu individuell verfaßten Protestschreiben in Betrieben und Institutionen; nur vereinzelt kam es zu Aktionen von Gruppen oder zu Unterschriftenaktionen (die wurden dann natürlich auch entsprechend hart geahndet). Diesen zweiten Abspaltungsprozeß kann man zeitlich nicht leicht einengen – er setzt sich bis in die zweite Hälfte der 80er Jahre fort.

Im allgemeinen blieb man nach 1976 erst einmal doch eher beim Diskutieren »auf dem Trockenen«, was zu dieser Zeit auch den eingeschränkten Möglichkeiten entsprach, ganz offene, konfrontative Aktivitäten wagen zu können. In den 80er Jahren ging man dann nach und nach aber weiter, und es wurde mehr darüber nachgedacht, wo und wie man JETZT und KONKRET aktiv werden könnte; das Warten auf den großen »revolutionären« oder anderen Knall versuchte man endlich aufzugeben – auch wenn es einigen sehr schwer fiel. Bei dieser zweiten Differenzierung spielten die politischen Ereignisse in Polen und auch die praktischen politischen Erfolge der polnischen Opposition (KOR,[2] Solidarność) eine große Rolle. Ein (»fundamentalistischer«) Teil der inoffiziell aktiven Intellektuellen blieb noch bei den Theorien und bei der Suche nach sozialistischen Reformansätzen für die DDR-Gesellschaft; und auch z. B. – immer noch! – bei der Aufarbeitung des Jahres 1968 in der Tschechoslowakei. Der andere, sozusagen »neu abgespaltene« Teil wandte sich den aktuelleren polnischen Erfahrungen und zusätzlich dem komplexen Thema der Menschenrechte zu und dachte natürlich auch über die Konsequenzen für das eigene Handeln nach. Diese Entwicklung zur praktischen – direkt oder indirekt politisch relevanten – Arbeit schloß viele verschiedene Aktivitäten und Ansätze zum Handeln ein; es entstand die unabhängige Friedensbewegung der DDR, die Ökologiebewegung wurde stärker, es entstanden verschiedene Frauengruppen, man setzte sich für Wehrdiensverweigerer ein, es ging um die Rettung der Bausubstanz und um die Schaffung alternativer Lebensräume in den Städten usw. Diese Entwicklung mündete – ganz verkürzt gesagt – schließlich in der Gründung der bekannten »Initiative für

[2] Komitee zur Verteidigung der Arbeiter. Diese im Jahre 1976 gegründete Gruppe bildete den intellektuellen Kern der wachsenden oppositionellen Bewegung; auch der späteren Gewerkschaftsbewegung Solidarność.

Frieden und Menschenrechte« (IFM) 1986. Diese Gruppierung sprengte in mehrerer Hinsicht den alten Rahmen der »vorsichtigen Gruppenbildung« und löste sich am radikalsten von den festgefahrenen Mustern: Man entledigte sich erstens eines großen Teils des ideologischen Ballastes, man verließ den engen Rahmen der privaten oder innerkirchlichen Räume und suchte ganz bewußt Kontakte zu Westjournalisten und Politikern; und man verließ in der Opposition schließlich auch den für die DDR charakteristischen »Isolationskurs« und näherte sich endlich nicht nur durch zahlreiche Kontakte, sondern auch ideell der Opposition im übrigen Ostblock.

Aber die Tendenz »weg von den Theorien«, Tendenz zur Entideologisierung zeigte sich schon relativ früh, am Anfang der 80er Jahre – z. B. darin, daß die Lücken, die die unbefriedigende Beschäftigung mit den Theorien hinterließ, auch mit kulturellen Aktivitäten gefüllt wurden. Auch die ehemaligen Theoretiker gingen plötzlich oft zu Lesungen oder privaten Theateraufführungen; oder engagierten sich hier sogar selbst. Verschiedene kulturelle Aktivitäten wurden von Intellektuellen organisiert, die trotzdem gleichzeitig politisch sehr bewußt lebten und aktiv waren. In Berlin kann man in diesem Zusammenhang die Lesungsreihe bei Gerd und Ulrike Poppe nennen, die Anfang der 80er Jahre regelmäßig stattfanden und zu wichtigen und (dafür, daß sie in deren Privatwohnung stattfanden) großen Ereignissen in der Subkultur wurden.

Diese kulturellen Aktivitäten waren bezeichnend und zum Begreifen der weiteren Entwicklung und der weiteren Spaltung der alternativen Bewegung sehr wichtig: Eindeutig politisch denkende und handelnde Menschen wie Gerd und Ulrike Poppe oder Werner Fischer haben über mehrere Jahre eine wichtige kulturelle Funktion in der Stadt übernommen – ohne jeglichen vordergründig politischen Sinn und Zweck; und es steckte für sie offensichtlich absolut kein Widerspruch darin. Und warum auch – diese Aktivitäten bargen genügend politische Brisanz. Die Notwendigkeit eines Schrittes zur kulturellen Autonomie haben sie also genau gespürt. Und diesen Schritt vollzogen parallel auch andere Intellektuelle und Künstler, denen es vordergründig und erstmal wirklich NUR um die Kunst ging – in Berlin zum Beispiel Jürgen Schweinebraden[3] oder Ekkehard Maaß mit seiner Frau (in deren Räumlichkeiten sich dann später Alexander [Sascha] Anderson einnistete); unabhängig davon z. B. Bernd Oelsner oder Stefan Bickhardt mit Ludwig Mehlhorn; und viele andere. Dieser Trend war also im ganzen Untergrund präsent; er entstand nicht ausschließlich in Künstlerkreisen und war eindeutig nicht das Werk der Staatssicherheit.

An der Entwicklung zur kulturellen Autonomie kann man den sehr wichtigen *dritten Abspaltungsprozeß* im Untergrund aufzeigen: Innerhalb der alternativen Strömungen hat sich neben dem politischen Leben ein unabhängiges kulturelles Leben »etabliert«; und es war ein notwendiger und erst einmal ganz legitimer Schritt zur Emanzipation vom allmächtigen Staat, der alles »im Griff« haben wollte – auch jegliche Kultur, egal wie politisch oder apolitisch sie sich verstand. Die Notwendigkeit dieser Emanzipation, die Notwendigkeit der kulturellen Autonomie spürten hier also alle. Auch im ästhetischen Empfinden der aktiven »Macher« und der an dieser Kunst Interessierten gab es ein großes Maß an Übereinstimmung. Hier wurde auch vordergründig unpolitische Literatur und Kunst, die sich aber eindeutig zur alternativen Kultur bekannte und keine Anpassungs-Ambitionen zeigte, ohne Vorbehalte akzeptiert. Unter den einzelnen Gruppierungen gab es Kontakte, Austausch, Solidarität. Und auch die rein apolitischen Gruppierungen hatten in dieser Zeit – durch ihr streng autonomes Selbstverständnis – ein eindeutiges politisches Gewicht.[4]

---

[3] Erster unabhängiger Galerist in der DDR (erste Ausstellung in Ostberlin schon 1974). Seine Wohnungsgalerie hatte Modell- und Vorbildcharakter für viele spätere Gründungen.

[4] In der ČSSR zeigten sich viele Spannungen klarer und verschärfter – auch harmlose kulturelle Aktivitäten provozierten harte Maßnahmen der Polizei. So harmlos war die »reine Kultur« also doch nicht.

Erst später – ca. ab Mitte der achtziger Jahre – setzten Vorbehalte, Spannungen ein und (wie wir jetzt wissen – zu Recht) auch Mißtrauen gegenüber denjenigen Künstlern, die sich nur rein im Ästhetischen bewegen wollten und ganz bewußt keinen direkten Bezug auf das »real existierende«, repressive System nehmen wollten. Gemeint sind die Spannungen zwischen der weitgehend apolitisch eingestellten »Szene« am Prenzlauer Berg auf der einen Seite und den anderen alternativen – oppositionellen oder kulturellen – Gruppierungen auf der anderen Seite. Interessanterweise war dies eine ausschließlich Ostberliner Erscheinung.

Hier haben wir es also mit dem ziemlich fatalen *vierten Abspaltungsprozeß* zu tun, den man jetzt nachträglich doch zum nicht geringen Teil als das Werk der Staatssicherheit sehen muß – in Schlüsselpositionen hatte hier die Staatssicherheit (Stasi) nämlich zwei wichtige und einflußreiche Spitzel zur Verfügung. Die Prenzlauer-Berg-Gruppierung um Alexander Anderson (der zweite Mann hieß Reiner Schedlinski) verließ in ihrer von vielen schon seit Anfang der 80er Jahre kritisierten Künstler-Arroganz nach und nach als einzige Gruppierung die solidarische Gemeinschaft der Nicht-Angepaßten, der bis dahin alle angehörten, ohne es laut verkünden oder kompliziert reflektieren zu müssen. Viele Kontakte zu anderen Gruppen rissen Mitte der 80er Jahre endgültig ab. Und hier sind die Vorwürfe gegenüber der Prenzlauer-Berg-Szene ganz und gar berechtigt: Es wäre möglich gewesen, in der Kunst ästhetischen Zwängen zu folgen, sich aber im Alltag – im politischen Alltag – trotzdem solidarisch zu verhalten und die repressive Realität nicht so »konsequent« zu ignorieren.

Zum Abschluß dieses Problemkreises ist es noch wichtig, einen besonderen Grund anzuführen, der zur Unlust vieler beitrug, sich in der DDR politisch zu engagieren oder zu profilieren. Diesen Grund kann man nämlich in der Teilung Deutschlands finden; er ist also von außen determiniert. Im politischen Handeln war man in der DDR leider im doppelten Sinne unfrei. Jede oppositionelle Aktivität wurde in der Bundesrepublik sehr aufmerksam verfolgt und publik gemacht, natürlich auch politisch und durch Projektionen besetzt. Und oft von Leuten gutgeheißen, mit denen viele Linke sonst politisch nicht viel gemein hatten. Von verschiedenen Journalisten wurden viele Ereignisse oder Aktionen oft überbewertet, falsch oder nicht genau genug interpretiert; mit Hilfe eines psychologischen Begriffs und ein bißchen provokativ gesagt – man war in der DDR in gewissem Sinne »overprotected«; und durch den »größeren Bruder« in der Bundesrepublik auch zu einer gewissen Unselbständigkeit verdammt. Es entstand auch ein gewisser Druck, Erwartungen zu bedienen, sich dem oft vereinfachenden West-Blick anzupassen. Und es gab Einzelpersonen, die dies nicht ausreichend reflektierten und ihre Eitelkeit vor Journalisten zum Ärger von vielen ihrer Mitstreiter mit wenig Feingefühl befriedigten. Diese Personen diskreditierten zwar keineswegs die ganze Opposition, zeigten aber damals schon deutlich, wie schwierig die Lage der aktiven DDR-Oppositionellen war. Man konnte also – auch ohne die Beeinflussung der Stasi – leicht eine Scheu davor entwickeln, sich politisch zu profilieren, also sich überhaupt zu exponieren und hatte einen Grund mehr, sich eine gewisse Freiheit von dieser »innerdeutschen Zwickmühle« in politischer Neutralität zu suchen. Noch anders ausgedrückt: die apolitischen Haltungen boten einen nicht sehr ruhmreichen, aber trotzdem verständlichen Ausweg aus dem ideologisch mehrfach besetzten Raum zwischen Ost und West. Solche »isolationistischen« Tendenzen (also: keine Westpresse usw.) hörte man jedenfalls von allen möglichen Seiten – nicht nur aus den apolitischen (kulturellen) Untergrund; man hörte sie auch aus dem Pankower Friedenskreis, aus der Umgebung der Umweltbibliothek. Und dies war nachweislich nicht das Werk der Staatssicherheit. Diese Problematik ist der geistigen Ausformung des »intellektuellen Standorts DDR« immanent und hängt nach Ansicht des Verfassers eng mit dem bereits im Text »Die DDR-Linken und die tschechische Opposition« angesprochenen Thema des DDR-Patriotismus der Oppositionellen zusammen.

Literatur

Böthig, P., Michael, K. (Hrsg.) (1993): Machtspiele – Literatur und Staatssicherheit. Leipzig (Reclam).
Neubert, E. (1997): Geschichte der Opposition in der DDR 1949-1989. Bonn/Berlin (Ch.Links).
Rüddenklau, W. (1992): Störenfried. Berlin (BasisDruck).
Weber, H. (1991): DDR, Grundriß der Geschichte 1945-1990. Hannover (Fackelträger).

Rockmusik und Religiosität im tschechischen Underground – nichtgeahnte Konsequenzen des Prager Frühlings

Jan Faktor

Einige Interessierte wissen vielleicht noch, daß der unmittelbare Anlaß zur Gründung der *Charta* 77 die Verfolgung der Rockgruppe *The Plastic People of the Universe* (PPU) im Jahre 1976 war. Die Inhaftierung der Musiker brachte einen bis dahin nicht dagewesenen Solidarisierungsprozeß unter den Dissidenten in Gang. Über den – im damaligen Ostblock einmaligen – Weg dieser Rockmusiker zur Religiosität weiß man bis heute aber praktisch nichts.

Die Anfänge von *The Plastic People* habe ich in den Jahren 1968/69 – und zwar im Lokal Ořechovka, wohin ich regelmäßig ging – direkt mitbekommen, ohne daß ich – leider – eine einzige Erinnerung daran habe. Es gab damals Unmengen von guten Rockgruppen – die künstlerischen Freiheiten waren auf diesem Feld noch nicht beschnitten. Mir kam damals das Gebahren der – zu der Zeit noch nicht so genannten – »Underground«-Bands, die happeningartige Bühnen-Spektakel veranstalteten und den sogenannten psychedelic sound produzierten, etwas gewollt vor; auf mich wirkte der Schnickschnack drumherum nicht besonders – obwohl er programmatisch auf alle Sinne wirken sollte. Bewußt wahrgenommen habe ich aus diesem Spektrum damals eine andere psychedelische Prager Band – *The Primitives Group*, im Grunde die Vorgänger von PPU. Die *Primitives* haben verschiedene Rock-Feste veranstaltet – *fisch-feast, bird-feast,* diese hatten ein bißchen etwas von Fasching, im Saal glitzerte es heftig, das weiß ich noch. Aber vielleicht war ich noch zu jung (1968 war ich siebzehn), vielleicht habe ich die besten psychedelischen Konzerte nicht mitbekommen. Die *Plastic People* sind damals aber dem Kunsthistoriker Ivan

Jirous sofort aufgefallen – und er ist bald ihr intellektueller Kopf und künstlerischer Leiter geworden. Und er hat die Geschichte von PPU und des gesamten tschechischen Undergrounds in mehreren Aufsätzen festgehalten (Jirous, 1997). Sein Spitzname, unter dem er im »Tschechenland« bekannt ist, ist »Magor«, was übersetzt so etwas wie der DEPP (Blödmann) bedeutet. Das Husák[1]-Regime hat Jirous-Magor seine repressiven Möglichkeiten hart spüren lassen. Jirous saß in den 21 Jahren zwischen 1968 und 1989 ganze achteinhalb Jahre im Gefängnis – zum Teil (als »Wiederholungstäter«) unter verschärften Bedingungen.

Die *Plastic People* entdeckten als die ersten in Prag die New Yorker Band *The Velvet Underground*, als diese auch woanders in der Welt noch ganz unbekannt war, sie machten die Prager Rockfans – wie vorher auch schon die *Primitives* – mit *The Fugs* bekannt, spielten Frank Zappa und vieles andere, womit das Publikum wirklich erst bekannt gemacht werden mußte. Magor war als ein impulsiver und rebellischer Mensch von den *Plastic People* ganz hingerissen. Und er entschloß sich mit seiner Frau Věra – obwohl die *Plastics* musikalisch damals noch überhaupt nicht sehr professionell waren – diese wilden Rocker ohne Abitur oder ernsthafte musikalische Ausbildung künstlerisch zu begleiten und auch intellektuell weiterzubringen. Das verhalf der Gruppe nicht nur zu qualitativ großen Entwicklungsschritten, es ließ sie auch in ihrer politischen, moralischen Radikalität schnell weiterreifen. Eine solche Stütze fehlte vielen anderen Bands in den entscheidenden Phasen des kulturellen Zerfalls nach 1968. Und Magor bewahrte die Gruppe vor einigen falschen Entscheidungen. Die Musiker haben zum Beispiel erst nach einer massiven Intervention von ihm ein Angebot, in einer Bar in Malaysia zu spielen, ausgeschlagen. (Sie wollten sich Geld für eine neue Apparatur verdienen – und dann wieder zurückkommen.) Außerdem

[1] Husák löste im April 1969 Alexander Dubček als Parteivorsitzenden ab und wurde 1975 Staatspräsident.

haben sich die *Plastic People* – durch ihre happeningartigen Inszenierungen – im Niveau sehr schnell von anderen Bands abgehoben. Magor schleppte die Musiker mit seiner Frau in kunsthistorisch wertvolle Kirchen oder zu Landart-Aktionen, hielt ihnen Vorträge über Andy Warhol und über Avantgarde-Strömungen in der Welt. Und die PPU bezogen in dieser Zeit der Gleichschalterei der Kulturlandschaft klar begründete Positionen. Den Underground verstand man damals als eine Welt anderer, dem Establishment konträrer Mentalität, meint Magor, also eher mythologisch, als ein ästhetisches Prinzip. Aus dieser erstmal nur künstlerisch relevanten, aus Amerika geborgten Haltung (einige wichtige Namen dazu: Ed Sanders, Tuli Kupferberg von *The Fugs*, Abbie Hoffman [»totaler Sturm auf die Kultur«], Allen Ginsberg, Timothy Leary) ist erst später – also unter den nach-68er Bedingungen in Prag – eine wirklich radikale Haltung im kulturell-soziologischen Sinne geworden.

Alles fing aber relativ harmlos und apolitisch an. Hlavsa, der Baßgittarist, Sänger und Komponist der gesamten Musik der Gruppe und Mitglied der Band von Anfang an, betont heute in Interviews (Hlavsa, 1997), daß die Band anfangs keinerlei politische Intentionen hatte, nur und nur Musik – diese aber ohne Kompromisse – machen wollte. Auch Magor war grundsätzlich fürs Ignorieren alles Politischen in der Kunst. Politisch – aber nie plakativ politisch – sind die *Plastic People* erst nach und nach durch den enormen Druck von außen geworden. Alle Rock-Gruppen wurden in der Zeit der sogenannten Normalisierung – eingeleitet durch Husák im April 1969 – gezwungen, ihre englischen Namen abzulegen, ausschließlich tschechisch zu singen, ihre Haare (also Haarlänge) »in Ordnung« zu bringen und ihre Texte der Zensur vorzulegen. Alles dies war für die PPU nicht akzeptabel; der allgemeine Druck war aber so enorm, daß diese Band für einige Jahre die einzige bedeutende bleiben sollte, die den Weg in die faktische Illegalität wagte. Sich ihre Texte genehmigen zu lassen, kam zwar nicht in Frage, viele der Texte waren aber an sich relativ harmlos und wären (manche vielleicht nur wegen einiger vulgärer Ausdrücke) schwer angreifbar gewesen – und die PPU gingen sowieso von sich aus sehr bald dazu über, ausschließlich tschechisch zu singen. Dafür waren die PPU für die Kulturfunktionäre aus vielen anderen Gründen ein Schreckgespenst. Dazu nur ein Ausspruch nach einem – einmal gewagten – Vorspiel bei der Genehmigungskommission: »Haare abschneiden und in die Kohlengrube schicken«.

Zum Problem der Anpassung, Vereinnahmung, Kommerzialisierung meint Jirous-Magor ironisch (Jirous, 1997, S. 197): »Wir hatten das besser [also im Vergleich zu Rockmusikern im Westen – Anm.d.V.], da wir in vollkommener Übereinstimmung lebten. Die offizielle (erste) Kultur wollte uns nicht, und wir wollten mit dieser Kultur ebenfalls nichts zu tun haben«. Anfangs ahnten die PPU-Musiker nicht, worauf sie sich – wenn sie bei ihrer Haltung blieben – eigentlich einließen. Aber die *Plastic People* machten weiter und wurden immer professioneller; die Band wandelte sich teilweise auch ohne das Zutun von Magor, der selbst kein Musiker war. In die Band kamen erstklassige Musiker wie der Geiger Kabeš und der Saxophonist und Theologe Brabenec, der später auch als Texter enorm wichtig wurde. Der Sound der Gruppe wurde jazziger – und bekam etwas Unverwechselbares. Und die *Plastic People* stießen durch die Mithilfe von Magor-Jirous auf Gedichte des abseitigen und natürlich nicht publizierbaren Schreibers Egon Bondy (PPU, 1997) – und Hlavsa begann sofort, Bondys gedichtartige Gebilde zu vertonen. Bondy führte als Psychiatrie-Patient und – wie man heute weiß – erpreßbarer Agent der Staatssicherheit nicht nur ein kompliziertes Mehrfach-Leben, er schrieb in den manischen Phasen seines Lebens u. a. auch ehrlich-böse Texte, die für die PPU wie geschaffen waren. Ich selbst kannte Bondy lange Jahre nur als den ordentliche Bücher produzierenden marxistischen Philosophen Zbynek Fišer, las seine Monographie über Buddha – und ahnte nicht (wie auch viele andere), daß er und der in Prager Kneipen mit Legenden umwitterte Dichter Bondy, der auch in einigen Erzählungen von Bohumil Hrabal herumgeistert, ein- und dieselbe Person waren.

Das Prager Kollaboranten-Regime hatte – was die Undergroundkultur betrifft – in einem Punkt sehr schlechte Karten: In diesem letzen Hort des rockmusikalischen Widerstandes waren die Gegner nicht irgendwelche unreifen Provokateure; und es waren nicht Einzelpersonen – es war eine Gemeinschaft, eine Gruppierung von sehr begabten Musikern und Künstlern.

Für die Qualität und die Bedeutung des Undergrounds in Prag spielten viele günstige Zufälle eine Rolle, die aus dieser Sozietät etwas Einmaliges im damaligen Ostblock machten. Der ganze Umkreis war sehr offen und demokratisch – Bildung oder gesellschaftliche Stellung von früher spielten hier keine Rolle; bei den Zusammenkünften kamen ehemalige Professoren und ehemalige Fleischerlehrlinge zusammen, Intellektuelle wurden (auch durch ihre zwangsweise ausgeübten Berufe) proletarischer, Arbeiter holten Bildung nach. In meinem Interview mit der Mutter Courage des tschechischen Undergrounds, der schon erwähnten Věra Jirousová, der ersten Frau von Magor, sagte sie mit ihrer sanften Stimme: »Es ist doch einfach – der Staat spuckte alles aus, was sich nicht knechten ließ; und so kamen dort die radikalsten, besten Leute zusammen. Und diese – auch die Rocker – waren für alles offen, auch für die Religion zum Beispiel.« Und weiter: »Gerade diesen Leuten half die Religion, auch eindeutige Verantwortung in ihrem Leben zu übernehmen; und einiges dabei klarer zu vertreten.« Dank der rigiden Haltung des Staates den Kirchen gegenüber, die staatlich sehr streng reglementiert wurden (kein Vergleich zu der auch in diesem Punkt viel liberaleren DDR), verloren auch viele unliebsame Theologen ihre Stellen und landeten an diesem äußeren Rand der Gesellschaft. Auf diese Art und Weise kam auf ganz natürlichem Weg die Religion in den tschechischen Untergrund hinein.

Magor-Jirous vergleicht das Verhalten der Band und ihres Umfelds mehrmals mit der Praxis der Hussiten, die anfangs illegale Gottesdienste unter freiem Himmel abhielten. »Chodit na hory« – »Auf die Berge gehen«, hieß es damals im fünfzehnten Jahrhundert. Die Termine der illegalen Konzerte wurden ganz kurzfristig bekanntgegeben, um der Staatssicherheit keine Zeit zum Einschreiten zu lassen. Und die Freunde der Band zogen oft tatsächlich wie Hussiten zu den Konzerten von irgendwelchen Bahnhöfen durch die Landschaft in entlegene Dorfkneipen oder auf Privatgrundstücke. Gespielt wurde an einem Ort in der Regel nur ein einziges Mal. Bei diesen Anlässen, für die lange geprobt wurde, wurden ganze thematische Komplexe von Kompositionen vorgestellt – und eben nur dieses eine Mal gespielt; zum Glück aber auch aufgenommen.

Zu einer schlimmen Schlagstockorgie kam es 1974 bei České Budějovice (Budweis), wohin so viele auffällige langhaarige Gestalten (»Gespenster«, wie selbst Magor mit Freude manchmal sagt) anreisten, daß sie von mehreren, vom örtlichen Parteisekretär herbeigerufenen Überfallkommandos – trotz des völlig friedlichen Verhaltens aller – brutal und wahllos zusammengeschlagen wurden. Eine Bahnunterführung in Budweis war nach diesem Einsatz den Zeugenaussagen nach voll von Blut. Wenn ich erzähle, daß das Ausmaß von Angst in der ČSSR viel größer war als in der DDR, wird es mir oft nicht geglaubt. Die tschechische Staatssicherheit war sicher nicht effektiver als die ostdeutsche, brutaler war sie aber auf alle Fälle. Magor erzählt eine Geschichte von einem finnischen Künstlerpaar, das sich längere Zeit in Prag aufhielt, die Schönheit der Stadt und das kulturelle Angebot beeindruckend fand. Und natürlich auch die Freundlichkeit der Leute, die Ruhe und den Frieden auf den Straßen. Und die beiden Finnen regten sich auf, was für Versteckspiele die Leute aus dem Umfeld des kulturellen Untergrunds betrieben, wieviel Ängstlichkeit sie verbreiteten. Nachdem dann eine Hochzeitsfeier, bei der sie anwesend waren und bei der die Gruppe DG 307 spielen sollte, von der Übermacht eines Rollkommandos mit Maschinenpistolen gestürmt wurde, blieben sie bis zum Ende ihres Aufenthaltes sehr still. (Jirous, 1997, S. 370-372)

Die *Plastic People* gingen aus Sicherheitsgründen konsequent dazu über, nur bei Anlässen wie Hochzeiten oder Geburtstage zu spielen und die jeweiligen Konzerte als musikalische Begleitung der Feierlichkeiten zu tarnen. Das war schon nach den Erfahrungen aus Budweis nötig, natürlich auch später nach 1977, als sie aus dem Gefängnis kamen. Die Haftstrafen der Musiker (nicht aber die von Jirous) sind – durch den enormen politischen Druck aus dem Westen – relativ gering ausgefallen, einige besonders lächerliche Anklagepunkte (bei einem Auftritt kam in einem Song mehrmals das Wort »Scheiße« vor) mußten von der Staatssicherheit fallengelassen werden. Der exemplarische Schlag gegen den Underground ist also – wirklich nur dank der Publizität, die dieser Fall hatte – zum Glück völlig mißlungen.

Die Bedrohung blieb aber natürlich bestehen. Die Gruppe – heute klingt das kurios – mußte sich z. B. auch vor ZU VIEL Publikum schützen. Das letzte Live-Konzert fand 1980 in Kerhatice statt, die letzten freigegebenen Aufnahmen der Gruppe gibt es von 1984. Aber schon davor wurde Brabenec in die Emigration getrieben. Und weil Jirous – nur durch kurze Pausen unterbrochen – immer wieder im Gefängnis verschwand und niemand mit vergleichbarer organisatorischer Energie da war, konnte nicht sehr viel zustande kommen. Zeitweilig hat Václav Havel mit der Auswahl von Texten (Gedichten) für zwei der letzten Alben ausgeholfen, die dann vertont wurden. Offiziell ist die Gruppe erst 1988 zerfallen. Zum Anlaß des zwanzigjährigen Jubiläums der *Charta* 77 gab es dann 1997 – also nach einer neunjährigen Pause – auf der Prager Burg ein Konzert. Durch dieses Ereignis kamen die *Plastic People* wieder zusammen; und es gibt auch wieder öffentliche Konzerte.

Die *Plastic People* spielten – wie gesagt – nur noch in privat angemieteten Räumen oder auf Grundstücken. Kirchliche Räume waren – anders als in der DDR – in keiner Weise verfügbar. Trotzdem war die Religion im Umfeld der Gruppe immer präsent. Unter anderem auch durch die privat organisierten Vorträge zu religiösen und biblischen Themen, die bekannte Philosophen oder Theologen abhielten (Ladislav Hejdánek, Miloš Rejchert, Jan Sokol, Jiří Němec). Die katholische Ausrichtung war stärker, es spielte aber keine große Rolle, ob man katholisch oder evangelisch war. Bei Věra Jirousová und vielen anderen war der Grund für diese Hinwendung nicht nur der religiöse Hintergrund aus der Kindheit, es gehörte auch – wie sie sagt – zum Beispiel zu ihrem Beruf; ohne die Kenntnis der Bibel hätte sie niemals kompetent Kunstgeschichte betreiben können. Aber auch Zufälle spielten eine Rolle. Hlavsa freundete sich in Mähren beim Trampen mit einem katholischen Pfarrer an und erhielt dann seinen Religionsunterricht angeblich beieinem karpatischen Schnaps. Er ließ sich von ihm später taufen und noch später auch trauen. Die nichtangepaßten Christen – und in erster Linie die Katholiken – waren dem Prager Regime so verhaßt, daß der Sog, sich dem System als ein Gläubiger entgegenzustellen, sehr groß war. Es war – auch durch die vergangene, ziemlich brutale Verfolgung der Katholiken in den 50er Jahren – eine der radikalsten Möglichkeiten, das Regime zu provozieren. Aber diese Hinwendung zur Religion kann man nicht einfach als eine Trotz- und Trutzhaltung denunzieren. Am Rande der Gesellschaft wuchs unter dem staatlichen Druck wie von alleine so etwas wie eine neue Urreligiosität. Ich habe es am Anfang der siebziger Jahre eine Zeitlang mit dem Judentum versucht, an anderen Orten wuchs eben neues Christentum. Ich habe dieses Phänomen verspätet beim Hören der »Passionsspiele« von PPU nachvollziehen können. Einige Titel erinnern durch die unisono gesungenen Refrains direkt an hussitische Choräle. Was für mich so frappierend war, war die Intensität, die Urkraft, mit der Hlavsa die Texte sang. Einige dieser Texte stammen vom Brabenec, dem Saxophonisten der Band und nicht praktizierenden evangelischen Theologen. Das Unbeirrbare, Unbedingte in Hlavsas Stimme konnte ich beim Hören nicht einfach zur Seite schieben; ich habe – es war bei einer Nachtfahrt im Auto – endlich klar erlebt, wie echt und innig auch diese mir bis dahin so suspekte Religion empfunden werden kann. Auch diejenigen Titel, die melodisch wie liturgisch-katholische Gesänge klingen, waren für mich problemlos erträglich. Ich würde mich scheuen, in diesem Zusammenhang das Wort Bluesmesse in den Mund zu nehmen. Das, was ich in der DDR erlebte, war etwas eher außerkirchliches, was sich eben unter dem Dach der Kirche abspielte. Auch in Polen gab es zu diesem tschechischen Phänomen nichts Vergleichbares, wie ich bei meinen Nachforschungen von mehreren Seiten erfahren habe. Es ist aber ziemlich logisch: Die Kirche in Polen war stark präsent, hatte auch real mehr Macht, blieb als in erster Linie an Rom angebundene Institution bestehen. Dieses ursprüngliche, kämpferische, auf sich gestellte Christentum des tschechischen Undergrounds konnte sich dagegen nur außerhalb von jeglichen Institutionen entwickeln.

Um die religiöse Natur der Tschechen etwas besser zu verstehen, muß man ziemlich weit in die Geschichte zurückschauen. Ganz kurz: Die Tschechen haben im 15. Jahrhundert wirklich aus tiefster Seele ihren reformatorischen, hussitischen Verteidigungskrieg geführt. Das letzte Aufbegehren – allerdings des tschechischen Adels – fand dann 1620 in der Schlacht auf dem Weißen Berg gegen die Habsburger statt. Die Tschechen unterlagen, und die Gläubigen in den tschechischen Ländern wurden – wenn sie nicht auswanderten – nach und nach zwangsrekatholisiert. Dreihundert Jahre sind eine lange Zeit, und das Volk wurde wirklich wieder katholisch; also – so gut, wie es ging. Im allgemeinen aber eben nie wieder von ganzem Herzen. Dies prägte insgesamt die Beziehung der Tschechen zu Gott und zur Religion überhaupt. Man glaubte zwar, man war aber auch skeptisch, weil der Glaube gleichzeitig der Glaube der Besatzungsmacht war. Der vom Magor angestellte Vergleich zu den Hussiten ist also in mehrfacher Hinsicht richtig. Echte Religiosität – traue ich mir jetzt zu behaupten – wurde nach 500 Jahren wieder gelebt; und gerade außerhalb der Kirchen. Manche Titel von PPU haben etwas Alttestamentarisches, Hlavsas Stimme könnte die Stimme eines Propheten sein. Und zwar auch in dem Sinne, daß es eine Stimme ist, die sich direkt an Gott wendet.

Im Jahre 1988, zwanzig Jahre nach 1968, entstand in Prag eine ganz neue Bewegung – die Bewegung *Tschechische Kinder*. In dieser Zeit gab es schon Unmengen anderer oppositionellen Initiativen, der Staat war schon ein bißchen schwächer und zahnloser, ließ einiges zu. Die *Tschechischen Kinder* haben aber die Machthaber wieder stark aufgeschreckt. Auf der Gefährlichkeitskala standen sie ganz oben neben der *Charta* 77, der Bewegung *Obroda*[2] oder des Komitees VONS .[3] Mit »Kindern« hatte diese Bewegung wenig oder eher nichts zu tun – vielleicht nur, daß sich hier verstärkt jüngere Leute zusammengefunden haben – eben die Erben des Landes. Logischerweise waren sie gleichzeitig zum großen Teil Kinder von aktiven Dissidenten, hatten aber keine Enttäuschungen aus dem Jahre 1968 im Gepäck wie ihre Eltern. Initiiert wurde der Aufruf durch den Schriftsteller Petr Placák. Der allererste Unterzeichner des Aufrufs war der auch in Deutschland inzwischen bekannte junge Schriftsteller Jáchym Topol. Placák hat ein wunderbares, hochpoetisches Manifest verfaßt, das viele elektrisierte (Placák/Samisdat, 1988). Und dieses Manifest fiel so aus dem Rahmen des üblichen, daß die *Tschechischen Kinder* verstärkt verfolgt und verhört wurden; die Staatssicherheit wollte unbedingt herausfinden, was diese Leute eigentlich wollten. Aber das Manifest mit seinem hohen Ton, seiner Mischung aus eher symbolisch zu verstehenden, andererseits aber auch konkreten Forderungen, weiter noch mit seiner als-ob-naiven Weltsicht bzw. seinen frommen Wünschen war nicht einfach zu entziffern. Es gab sofort Diskussionen darüber, ob das Schriftstück nur ein Witz sein sollte, eine ironische Provokation oder nicht. Das Manifest ist ein im tiefsten Kern religiöser Text, ohne direkt rein religiös zu sein, es ist ein extrem zurückgewandter Text, dem es gleichzeitig – ganz im Sinne der modernen Ökologie – um die Zukunft unseres Planeten ging; und es ist ein hochpolitischer Text – trotz seiner politischen (gleichzeitig aber natürlich auch

[2] Eine reformkommunistische Gruppierung.
[3] Komitee zur Verteidigung von zu Unrecht Verfolgten.

wissenden) Blauäugigkeit. Die *Tschechischen Kinder* stellten einfach politische Maßstäbe auf, die den üblichen, alltagspolitischen Rahmen weit sprengten; diese Maßstäbe entstammten einer völlig anderen Ebene – und die Unterwerfungshaltung, die aus dem Manifest sprach, war eine von der Sorte, die erbittertste Unnachgiebigkeit ahnen ließ. Zur Illustration will ich aus dem Manifest kurz zitieren.

> »Wir, die Tschechischen Kinder, erklären, daß die Krone des Heiligen Wenzels[4] und somit auch das Tschechische Königreich nach wie vor besteht. Wir bereiten uns auf das Kommen des neuen Königs vor; das ist unser höchstes Ziel. Ein König von Gottes Gnaden ist dem Gott für sein Land und sein Volk verantwortlich. ... Der König ist ein Garant, er beschützt die Wälder, das Wild, die Natur gegen die machthabenden kriminellen Elemente, die ohne jegliche Skrupel die Schätze des Landes rauben. Der König ist das Gesetz, vor dem alle gleich sind: der Mensch, der Baum, das Getier, das Bodenreich; jedes Handeln zum Nachteil eines anderen ist ein Verbrechen. ... Das Königreich ist ein heiliges Erbe. ... Der König erlebt die höchste Freude, wenn sein Volk sich dieses Erbes mit Liebe annimmt und mit Liebe den Boden bestellt, aus dem es vor Tausenden von Jahren entsprang. Das Königreich ist heilig.«

Es folgten dann konkrete Forderungen der Bewegung. Sie betrafen z. B. das Eigentum der Kirche und des tschechischen Adels, territoriale Fragen, Ökologie, Alternativen in der Ökonomie, die Kritik der heutigen, verbrecherisch ausbeuterischen Landwirtschaft. Der Einfluß von politischen Parteien sollte zurückgedrängt werden, die Zentralgewalt gestärkt. Es hat aber keinen Sinn, sich viel zu konkret mit diesen Forderungen zu beschäftigen. Die Bedeutung des Manifestes lag in erster Linie in der Kraft, wie es bleibende moralische Werte forderte, wie es sich auf vernachlässigte oder totgeschwiegene Traditionen berief. Die Bewegung war dann aber an sich überhaupt nicht weltfremd oder rückwärtsgewandt. Es waren gerade die *Tschechischen Kinder*, die durch ihre großangelegte Flugblattaktion zum Erfolg der relativ großen Demonstration am 21. August 1988 beitrugen – vom Jahr 1969 abgesehen war das die erste Demonstration zum Jahrestag des Einmarsches. Vom Regime gefürchtet waren ebenfalls die regelmäßigen Demonstrationen der Bewegung für die

[4] Svatý Václav, tschechischer Herzog im 10. Jahrhundert, Schutzherr Böhmens

Rettung des Königlichen Wildparks Stromovka, durch den die Stadtautobahn geführt werden sollte. Sie initiierten aber auch ausgesprochen religiöse Aktionen – z. B. Prozessionen, einmal verbunden mit einem Gebet zur Freilassung ihres Mitglieds Magor-Jirous.

Da in den oppositionellen Kreisen vieles zusammenhing und zusammenging, gehörten zu den Erstunterzeichnern des Manifests natürlich Ivan Jirous – Magor – und einige Musiker von *Plastic People*. Aber es kamen hier sehr verschiedene Menschen zusammen, die das Manifest von Anfang an ganz unterschiedlich verstanden haben. Politisch haben die *Tschechischen Kinder* den Umbruch letzten Endes nicht überlebt. Es entstand zwar eine royalistische Partei, diese war aber den meisten, die die Forderungen nach einem König eher metaphorisch verstanden hatten, mehr als fremd.

So endete dieser von niemandem vorausgeahnte, sicher auch nicht voraussagbare Seitenstrang der Entwicklung nach 1968. Von einem Wunsch nach der Wiedererrichtung des heiligen tschechischen Königreiches, das nach der Auffassung der *Tschechischen Kinder* nie aufgehört hat zu existieren, war damals nach dem Einmarsch noch absolut nichts zu spüren.

Literatur

Bockris, Victor (1991): Die »Velvet Underground«-Story.

Bondy, Egon (1991): Invalidní sourozenci (Invalidengeschwister). Bratislava (ARCHA).

Chadima, Mikoláš (1992): *Alternativa*. Brno (HOST).

CHARTA 77 /*Dokumentation* (1990). Praha (ČSAV / ARCHA).

Diederichsen, Diedrich (1993): Freiheit macht arm. Köln (Kiepenheuer & Witsch).

Hlavsa, Mejla; Pelc, Jan (1992): *Bez ohňů je underground* (*Ohne Feuer ist der Underground*). Praha (BFS-Verlag).

Hlavsa, Mejla (1997): Interview in der Wochenzeitung »Týden«, Nr. 47. vom 17.11.'97. Praha (K Service).

Jaro 1968 (»Frühling 1968«; eine Textsammlung). (1988) Köln (Bibliothek »150 000 SLOV« im INDEX-Verlag).

Jirous, Ivan Martin (1997): *Magorův zápisník* (*Magors Notizbuch*). Praha (TORST).

Jirous, Ivan Martin (1998): *Magorova summa* (*Magors Summa*). Praha (TORST).

Jugel, Bernhard (1979): »The PPU. Der Untergrund wird zur zweiten Kultur«. Reinbek (Rowohlt Taschenbuch) In: Rock Session 3.

Leary, Timothy (1997): Denn sie wußten, was sie tun. München (Heyne-Taschenbuch).
Marcus, Greil (1992): Lipstick Traces. Hamburg (Rogner & Bernhard bei 2001).
Marcus, Greil (1992): Mystery Train. Hamburg (Rogner & Bernhard bei 2001).
Miles, Barry (1989): Ginsberg, A Biography. New York (Simon & Shuster).
Pelc, Jan (1996): ... a bude hůř (... und es kommt noch schlimmer). Brno (MAŤA).
Placák, Petr (1988): *Manifest českých dětí*. Praha (Informace o Chartě 77, Nr. 20).
Plastic People of the Universe, The (1997): *Texty*. Brno (MAŤA).
Rauhut, Michael (1993): Beat in der Grauzone. Berlin (Basis Druck).
Rauhut, Michael (1996): Schalmei und Lederjacke. Berlin (Schwarzkopf & Schwarzkopf).
Röhrling, Helmut (1979): Gespräch mit Tuli Kupferberg, New York 1976«. Reinbek (Rowohlt Taschenbuch) In: Rock Session 3.
Sanders, Ed (1981): Die glorreichen Beatnics. Basel (Sphinx).
Sanders, Ed (1997): Sommer der Liebe. Wien (Hannibal).
Sanders, Ed (1998): Die Freaks von Greenwich Village. Wien (Hannibal).
Wolton (Hrsg.): Underground im Ostblock, Merve Nr. 78.

Fremd im eigenen Land?

Ostdeutsche zwischen Trauer, Ressentiment und Ankommen

Annette Simon

Auf dieses Thema bin ich von zwei Seiten gestoßen: Zuerst durch eine Forschungsarbeit mit gleichaltrigen Berufskollegen aus dem Westen über die 68er Generation. In biographischen Interviews versuchen wir, uns an die Gleichartigkeiten und Unterschiede von Dissidenz, an widerständige Lebensläufe in Ost und West 1968 und 1989 anzunähern. Zunächst erzählten sich aber die Forschenden selbst ihre Geschichte, und da konnte ich erfahren, daß Cordelia Stillke und Christian Schneider Ende der 70er Jahre genau wie ich endlos die »Winterreise« von Franz Schubert gehört hatten:

Fremd bin ich eingezogen
fremd zieh ich wieder aus

Das Gefühl der Romantik, ein Gefühl des Scheiterns und der Verzweiflung haben wir anscheinend geteilt in dieser Zeit. In der Bundesrepublik gab es den deutschen Herbst und in der DDR nach der Ausbürgerung Wolf Biermanns einen weiteren Exodus an kritischem Potential, so daß das Gefühl, im eigenen Land nicht heimisch werden zu können, vielleicht auch ein Grundgefühl der sogenannten 68er beider Seiten ist.

Der zweite und andere Denkstrang, der mich in diese Richtung führte, wurde angestoßen vom »Sozialreport 1998«, der wie viele andere dieser Befragungen das Ergebnis brachte, daß sich zwei Drittel der ehemaligen DDR-Bürger nicht als Bundesbürger fühlen.

»Fremd im eigenen Land?« war auch der Titel einer Arbeitsgruppe, die wir im Frühjahr 1998 unter der Leitung der Psychoanalytikerin Dorothee von Ekesparre auf einer Fachtagung anboten.

Diese Tagung fand in Erfurt statt, und die Teilnehmer wurden am Vorabend von den Honoratioren der Stadt begrüßt. Der Redner, der für den Bürgermeister sprach, bezog sich in seinen Grußworten ganz besonders auf unsere Arbeitsgruppe. Fremd im eigenen Land – das sei das Gefühl vieler Bürger auch in dieser Stadt – und anscheinend auch seins. Ein Amtsträger dieses Staates in einer Kommune, der sich fremd fühlt in diesem Staat?

Mein 19jähriger Sohn wurde dieses Jahr als Erstwähler von allen Parteien umworben. Die PDS schickte ihm mit ihrem Anschreiben eine CD mit einem Song, dessen Refrain war: »Das ist immer noch mein Land.«

Die rechten Parteien führen immer wieder die Gefahr der Überfremdung durch Ausländer im Munde. Beide Parteien versuchen offenbar Gefühle anzusprechen, von denen sie meinen, daß es Stimmen bringt, wenn sie sie bedienen. Die Gefühle des Ausgegrenztseins und des Nicht-Dazugehörens der neuen Bundesbürger- wie kann man sie verstehen? Und warum fühlen sich heute sowohl einstige Gegner als auch einstige Befürworter der DDR fremd in der Bundesrepublik?

Die DDR war eine Gesellschaft, »die sich selbst nicht kannte« – wie der Soziologe Klaus Wolfram es formuliert hat (1996, S. 3), weil jeder öffentliche politische Diskurs fehlte. Es gab keinerlei öffentliche Selbstverständigung über wesentliche Konflikte dieser Gesellschaft. Dieser Diskurs wurde zum Teil in der Kunst geführt und in den überall bestehenden Diskussionszirkeln, auch in der Kirche. Bis zum Jahr '89 aber hat es über ganz wesentliche Dinge nie eine größere gesellschaftliche Öffentlichkeit gegeben.

Dadurch konnte auch nicht so überdeutlich werden, daß die DDR auch eine tief gespaltene Gesellschaft war, die sich teilte in Menschen, die für oder gegen das herrschende System, die herrschende Ideologie waren. Innerhalb dieser Spaltung konnte es unzählige Variationen des Lebens und Spielarten der Biographien geben. Jemand konnte für den Sozialismus als anzustrebende Gesellschaftsform sein, aber trotzdem in konspirativen Zirkeln gegen das herrschende System arbeiten. Eine andere konnte den Sozialismus aus religiösen Gründen zutiefst ablehnen, aber als ganz angepaßte Bürgerin leben. Oder wieder andere versuchten als Inoffizielle Mitarbeiter (IM) der Staatssicherheit, es sich mit keiner von beiden Seiten zu verderben.

Aber irgendwie gruppierte sich alles in der DDR um die Gretchenfrage: Wie stehst Du zu diesem Staat? Dieses quasi-persönliche Verhältnis ging die DDR auch zu jedem ihrer Bürger ein. Sie forderte ständig und immer Loyalität. Mehr oder weniger demagogisch befragt, sollte man dauernd dazu Stellung nehmen, ob man auf der Seite der Arbeiterklasse, des Friedens und des Fortschritts stünde oder etwa nicht. Weil ihr lange die außenpolitische Anerkennung fehlte und weil ihre innere Stabilität immer wieder in Frage gestellt wurde, wollte die DDR von ihren Bürgern ständig die Versicherung hören, daß man zu ihr halte.

Jedenfalls kenne ich diese Frage, auf welcher Seite ich stünde, vom ersten Schultag bis fast bis zum letzten Tag des Bestehens der DDR. Am ersten Schultag wurden viele Mitschüler gleichzeitig mit dem Schulbeginn in die Pionierorganisation aufgenommen. Mich hatte man aus irgendeiner Unbedachtheit heraus vergessen, was meine Eltern in eine Aufregung versetzte, die ich nicht nachvollziehen konnte. Es war ihnen anscheinend wichtig, daß ich dazugehörte, für alle sichtbar auf der richtigen Seite stand und damit wurde es auch für mich wichtig. Auch bei anderen lebenswichtigen Entscheidungen wie z. B. der Zulassung zur Oberschule, zum Abitur oder zum Studium waren die Zugehörigkeit zu den Jugendorganisationen und das richtige, parteiliche Engagement ganz wesentlich. Immer wieder wurde ich nach meinem Studium gefragt, wie ich denn meinen Dank zeigen würde, daß der Arbeiter-und-Bauern-Staat mir ein Studium ermöglicht habe? Am 40. Jahrestag dieser DDR wurde ich nach der Verhaftung mit meinem Mann gerade auf einen Lastwagen geladen, als über uns die Feuerwerkskörper zur Feier dieses Jubiläums explodierten.

Propaganda und Ideologie vermittelten ständig, daß der Staat DDR für seine Bürger – für »unsere Menschen« – da sei, sich um sie sorge und etwas für sie tue. Sie wiederum hätten dafür dankbar zu sein, indem sie blieben und zu ihm hielten. Auch wenn viele diese Propaganda nicht glaubten, sie durchschauten und sich über sie lustig machten, wurden sie doch ständig in diese Bekenntniszwänge eingeklemmt. Im Extremfall drohte der Tod an der Mauer, wenn jemand illegal weggehen wollte, die Loyalität wirklich konsequent aufkündigen wollte.

»Wie ist der politisch?« war die erste Frage meines Mannes bei jeder neuen Bekanntschaft zu DDR-Zeiten. Es war eine existentielle Frage für uns, sie bedeutete: Auf welcher Seite steht der? Kann man ihm vertrauen und mit ihm rechnen? Auch wir waren gezwungen, diese Loyalitätsfrage zu stellen, die Freund/Feind-Polarisierungen nachzuvollziehen. Damit war man in der DDR in politischen Fragen immer irgendwie ganz persönlich gemeint und angesprochen. So fordernd und eng tritt die Bundesrepublik nicht an einen heran. Manche mögen dies als Lieblosigkeit und Gleichgültigkeit dieses Staates ihnen gegenüber empfinden. Wenn man sich jahrzehntelang in einer engen Umklammerung befand, wird die Lockerung dieser Klammer vielleicht als Aufkündigung von Zuwendung und Wärme erlebt – als ausgrenzende Gleichgültigkeit, und damit als fremd.

Das haben längere Zeit vor uns auch die Menschen empfunden, die die DDR verließen oder aus ihr herausexpediert wurden. Das Gefühl der Fremdheit drückt sich z. B. in einem etwas pathetischen Gedicht des leider zu früh verstorbenen Dichters Jürgen Fuchs aus. Es entstand 1978, kurz nach seinem Herauswurf aus der DDR, war also bestimmt nicht von DDR-Nostalgie getragen, und trotzdem findet er so starke Bilder:

Ich weiss
Wir werden sterben
In diesen Kaufhäusern

Noch bevor
Wir gelernt haben, die fremden Münzen
Zu erkennen
In unserer Hand

Denn diese Welt ist aus Stein
Und wir haben nicht
Ihre Kälte

So können auch heute manche ehemalige Oppositionelle durchaus das Gefühl haben, daß ihre Meinung und ihr politisches Auftreten in einem viel geringeren Maße ernst genommen werden und in der Meinungsvielfalt untergehen. Das Gegenüber DDR, das sofort aufschrie, wenn man es kritisierte, ist nicht mehr da. Die Reaktion auf jedwede Meinungsäußerung ist jetzt ungleich leiser, als man es von früher gewohnt ist. Das Engagement wird vom Öffentlichkeitsmarkt geschluckt und binnen Tagen verdaut. Dieser ungewohnt dünne Widerhall trägt auch zum unheimatlichen Gefühl bei.

Ganz andere Gründe für Entfremdungsgefühle hat mein ehemaliger Geschichtslehrer an der Oberschule, ich will ihn Herrn Meier nennen. Herr Meier ist ein Arbeiterkind. Nach der Grundschule ging er für 12 Jahre zur Nationalen Volksarmee (NVA). Danach gab die DDR ihm die Möglichkeit, zu studieren und Lehrer zu werden. Diese ehemaligen Offiziere der NVA wurden Staatsbürgerkunde- und Geschichtslehrer mit mehr oder weniger pädagogischem Geschick, meist natürlich mit weniger. Er war tief identifiziert mit dem Marxismus-Leninismus und mit dem Staat DDR. Er war überzeugt, auf der besseren deutschen Seite zu stehen, und seine Ideologie gab ihm Halt und Stütze für sein Leben. Rein finanziell gehörte er als ehemaliger Offizier zu den Besserverdienenden. Als Geschichtslehrer sah er die Geschichte als eine Geschichte von Klassenkämpfen in einer ständigen Höherentwicklung begriffen und damit die DDR eine geschichtliche Epoche weiter als die BRD. Sein Weltbild bestand aus solchen wirklich geglaubten Glaubenssätzen. Dazu war er ein eher gutmütiger Mensch, der relativ langmütig die Lachanfälle der Teenager in seinem Unterricht ertrug. Er sah auch wirklich nicht Westfernsehen, und an Westliteratur kam er in seinen Kreisen gar nicht heran.

Als ich 1968 zusammen mit anderen eine nicht-zensierte Wandzeitung zur Abstimmung über die neue Verfassung der DDR machte, in der wir uns mit dem Artikel über Meinungsfreiheit aus der alten Verfassung auseinandersetzten und sehr verschiedene Meinungen im Zitat zu Wort kommen ließen (Dubček, Ernst Fischer, Biermann u. a.), verstand er zunächst überhaupt nicht unser Anliegen. Was wir diskutieren wollten, war ihm fremd. Kurz danach war er sich ganz sicher in seiner Verurteilung: Konterrevolution. Gleichzeitig konnte er mich z. B. gut leiden, weil ich mich als eine der wenigen überhaupt an seinem Unterricht engagiert beteiligte. Trotzdem hätte er jederzeit für meine Entfernung von der Schule gestimmt, wenn es denn so weit gekommen wäre.

Einmal wurde er richtig laut, als ich ihn im Unterricht bei der Behandlung der Großen Sozialistischen Oktoberrevolution nach den späteren stalinistischen Verbrechen fragte. Mein nachfolgendes Verstummen in seinem Unterricht deutete er als erfolgte Einsicht und nicht als meine Angst, nun doch noch von der Schule zu fliegen.

Eine alte Schulfreundin erzählte mir, daß er nach der Wende gesagt habe: Nun hat die andere Seite gesiegt. Von ihm aus ist das sehr ehrlich: Sein Weltbild ist zusammengebrochen. Die Werte, für die er gelebt und die er vertreten hat, zählen nicht mehr. Er ist jetzt wahrscheinlich ein verbitterter Rentner und überzeugter PDS-Wähler. Er muß aber an seinem Weltbild nichts verändern. Wenn die anderen gesiegt haben, ist er eben der unterlegene Verlierer und kann sich in seiner Rechthaberei einmauern – und mit dauerndem Ressentiment das Treiben in diesem Land betrachten, das nicht mehr seins ist.

Seine Fremdheit in der Bundesrepublik wird nur durch die PDS aufgefangen, daher ist es auch gut, daß es diese jetzt in demokratische Spielregeln eingebundene Partei gibt, obwohl ich ihr erbittert kritisch gegenüberstehe. Es ist gut, daß im jetzigen Deutschland für Menschen wie meinen Geschichtslehrer Möglichkeiten der Artikulation und der Mitwirkung bestehen, die sie selbst Andersdenkenden nie zu geben bereit waren. Aber meine Kritik an dieser Partei beruht nicht nur darauf, daß in ihr meine alten Feinde sitzen, sondern auch darauf, daß sie genau diese alten Erklärungsmuster und Ressentiments bedient, die mein Geschichtslehrer nun bis an sein Lebensende weiter pflegen kann. Und dabei gibt es ja viel eloquentere und klügere Vertreter dieser Art von Ressentimentpflege. Sie offenbaren eine Ignoranz gegenüber den Opfern des DDR-Staates, die kaum zu fassen ist. Dabei sind sie vielleicht auch Vertreter einer Schicht von DDR-Intellektuellen, deren Verwobenheit mit dem herrschenden System der ungarische Schriftsteller György Konrad und der Soziologe Ivan Szelenyi in ihrem Buch »Die Intelligenz auf dem Weg zur Klassenmacht« schon 1978 für Ungarn so treffend analysiert haben.

Nun aber zu meiner eigenen Fremdheit im neuen Deutschland. Schon am Anfang habe ich versucht, herauszuarbeiten, daß das Gefühl des Nichtheimischseins in beiden Deutschländern ein Grundgefühl der ersten Generation nach dem Zweiten Weltkrieg sein könnte. Die Erwachsenen des Dritten Reichs haben nach 1945 alles wieder schnell und blitzblank aufgebaut, sich mit unterschiedlichen ideologischen Vorzeichen als Aufbaugeneration betätigt. Aber nicht alle Kinder fühlten sich wohl in den neuen Häusern, in denen die Gespenster von gestern im Keller wohnten. Dies ist übrigens eine Gedanke von heute, nach der Vereinigung von 1990. Zu DDR-Zeiten führte ich mein andauerndes Fremd-und Entfremdetsein nur auf die spezifischen politischen Verhältnisse in der DDR zurück.

Ansonsten habe ich wie viele andere meiner Generation den Mythos der DDR geteilt, daß es nach dem Krieg einen radikalen Neubeginn gegeben hätte. Für mich – von heute aus unbegreiflich – begann die eigentliche Geschichte 1945 und für mich zurückgeblickt oder aufgearbeitet hatten die Gründungsväter und -mütter der

DDR – das mußte ich nur noch nachvollziehen und nicht mehr selber tun. Wie fatal das war, habe ich erst in den letzten Jahren begriffen.

Wenn man so wenig zurückgeblickt hatte, konnte sich schon ein Gefühl der Entfremdung einstellen, aber auch in vielen Situationen des DDR-Alltags. » In diesem Lande leben wir / wie Fremdlinge im eigenen Haus.« Kein Gedicht von Wolf Biermann hat mein Lebensgefühl in der DDR besser auf den Punkt gebracht als dieses.

Die Aufhebung der Fremdheit im eigenen Land kam für mich im Herbst 1989. In diesem Aufbruch wurde die Selbstentfremdung der DDR, die durch die fehlende Öffentlichkeit und das dadurch verhinderte Wahrnehmen von Konflikten selbstmörderisches Ausmaß angenommen hatte, aufgehoben. »*Wir* sind das Volk« – war eine zutiefst wahre Losung: Die Entfremdung des DDR-Volkes von sich selbst durch die herrschende Kaste wurde gebrochen, und es ging um die Wiederaneignung von Subjektivität und Realität, um die Rückeroberung von Öffentlichkeit und Identität. Leider war dieser Prozeß zu kurz. Der Ministerpräsident von Sachsen- Anhalt, Reinhard Höppner, hat dies für mich vor kurzem gut ausgedrückt: »Was haben wir eigentlich gewollt? Das Volk der DDR müßte antworten, aber es kann nicht, denn es hat ein Volk der DDR nie gegeben. Es hat in der DDR keine Debatte darüber gegeben, was das Volk will, weil es keine Öffentlichkeit gegeben hat ...« (zitiert nach »DER SPIEGEL« Nr.38/1998, S. 60) Und ich denke, die Zeit vom Herbst 1989 bis zu den ersten Wahlen im März 1990 war zu kurz, daß dieser Prozeß sich hätte ausformen und konsolidieren können. Meine Trauer gilt dieser Zeit. Zu schnell wurden alle, aber bis ins Detail alle Strukturen der Bundesrepublik übertragen und übernommen. Das Eigene, was begonnen hatte, sich gerade zu bilden, mußte zwangsläufig zurückgenommen werden. Die Opposition, die zuvor in Wohnstuben im eigenen Saft geschmort hatte, hatte gerade erst begonnen, sich in der öffentlichen Artikulation zu üben, im Gebrauch von politischer Macht. Nach den Wahlen von 1990 war klar, daß diese Macht nun hauptsächlich an Machtträger aus dem Westen gehen würde.

Hier beginnt auch ein Prozeß erneut einsetzender Entfremdung. Und zwar nicht jener Art von Entfremdung, die sich zwangsläufig nach einer euphorischen Phase einstellt, wenn die selbstgeschaffene neue Ordnung enttäuscht, sondern einer viel schwerwiegenderen: Die Entfremdung von einer Ordnung, die zwar selbst gewählt war, aber dann doch als von außen übergestülpt erlebt wurde.

Psychologisch geschickt wurde die Vereinigung sowieso nicht vollzogen. Welches symbolisch sichtbare Zeichen gab es für unser Dazukommen? Welche Anerkennung für die Leistung unserer Selbstbefreiung? Weder wurde eine neue gemeinsame Hymne gefunden noch eine neue Verfassung entworfen. Die Herren Regierenden dachten auch nicht daran, sich etwas schneller nach Berlin zu bewegen und Bonner Bequemlichkeit aufzugeben. In den jetzt manchmal fast lächerlich anmutenden Kämpfen um den Erhalt des Palastes der Republik, um Straßennamen oder um das Ampelmännchen sehe ich Versuche, wenigstens irgendwelche Zeichen zu retten, daß es die DDR einmal gegeben hat. DDR-Nostalgie bedeutet nicht, daß diejenigen, die in ihr schwelgen, wieder so leben wollen wie damals. Es geht um ein Sichtbarwerden des inzwischen versunkenen Landes, einer versunkenen Kultur, wie kulturlos sie manchmal auch gewesen sein mag.

Doch zurück zum Jahr 1990. Gerade war 1989 das Gefühl entstanden, man könne selbst die Verhältnisse gestalten. Nun sollten wir einer anderen Gestalt einfach nur beitreten. Selbst wenn es die vollkommenste aller Welten gewesen wäre, hielte sich unsere Begeisterung in Grenzen. Jetzt ging es sehr schnell darum, sich neue, wirklich fremde Strukturen aneignen zu müssen, sich in sie einzupassen. Dies war keineswegs nur schmerzlich, aber auch, später für mich sogar lustvoll. Das Fremde kann ja auch ein ersehnter Reiz sein. Ich konnte endlich auch Langersehntes tun : Reisen, mich der Psychoanalyse zuwenden, meine Gedanken aufschreiben und sogar veröffentlichen – in der DDR undenkbar. Letztendlich habe ich ganz persönlich bei dem allen gewonnen, aber ich hatte auch eine günstige Ausgangsposition: Alter, Beruf und meine Fähigkeit, mir flexibel Neues anzueignen. Es gibt sehr viele, die genau diese Möglichkeiten und Chancen nicht hatten, sie wurden arbeitslos. So verbinden sich alte und neue Gefühle von Ohnmacht. Nie werde ich die Arbeiterin aus dem Dokumentarfilm von Volker Koepp »Wittstock, Wittstock« vergessen: Sie berichtet von ihrer Entlassung und wie ihr alter und zugleich neuer Chef zu ihr sagt: Ja, wärt ihr nicht auf die Straße gegangen ...

Wenn man sich dann noch an den Kriterien der Leistungsgesellschaft Bundesrepublik mißt – wie es viele DDR-Bürger anscheinend zwangsläufig tun – könnten sie sich ständig die Wunden lecken. Die Frage ist also und die steht für viele DDR-Bürger, woher Selbstbewußtsein und Selbstbehauptung nehmen, wenn sie sich nach den Kriterien der neuen Gesellschaft bewerten? Da sind wir immer diejenigen, die weniger gereist sind, bestimmte Bildung nicht erwerben konnten und ganz objektiv ärmer sind. Es gibt sehr viel weniger Besitz im Osten: Anfang 1995 betrug das Geldvermögen pro Haushalt in den alten Bundesländern 138.400 DM, in den neuen Bundesländern 39.400 DM. In Westdeutschland verfügt immerhin jeder zweite Haushalt über Wohn- und Grundeigentum, in Ostdeutschland nur jeder vierte. (Deswegen war auch die Entscheidung Rückgabe vor Entschädigung gelinde gesagt sehr unbedacht.) Vom Produktivvermögen will ich hier ganz schweigen.

Da mutet es schon arrogant an, wenn ein westdeutscher Journalist in einer Diskussion sagt, die Ostdeutschen müßten es endlich lernen, soziale Ungleichheit zu ertragen. »Wer mehr leistet, hat auch mehr.« Was soll man zu so viel Ignoranz sagen? Die Westdeutschen konnten in ihrer Gesellschaft leisten und Kapital erwirtschaften – die Ostdeutschen konnten dies nun mal ganz objektiv nicht, und sie mußten aus ihrer Sicht jetzt so viel an innerem und äußerem Wandel verkraften, und es werden so vielen die Leistungsmöglichkeiten – übrigens gerade auch im Westen – gar nicht geboten.

Einige Westdeutsche müßten vielleicht lernen, könnte man darauf antworten, soziale Ungerechtigkeit noch als eine zu beachtende Größe wahrzunehmen.

Viele Ostdeutsche sehen für die Rettung ihres Selbstbewußtseins nur den Weg, die alten Werte hochzuhalten und beinahe trotzig PDS zu wählen. Andere, besonders Jugendliche, wollen wenigstens stolz sein, ein Deutscher zu sein.

Andererseits habe ich auch die Erfahrung gemacht, wie die Leute um mich herum sich stabilisieren, indem sie bestimmte Lebensarrangements unter veränderten Möglichkeiten einfach nur fortführen: Ein Freund, der in der DDR eine betriebliche Leitungsfunktion hatte und gleichzeitig Mitglied in unserem konspirativem Zirkel war, ist jetzt für die PDS Stadtrat und sitzt abends in einer linksautonomen Kneipe. Die Bekannte, die immer auf den Staat schimpfte und sich gleichzeitig in ihrem alltäglichen Leben voll arrangiert hatte, sitzt in ihrer neuen Boutique und schimpft auf die Marktwirtschaft.

Und vielleicht setze auch ich nur mein altes Muster des beruflichen Engagements einerseits und des Sichfremdfühlens im eigenen Land andererseits aus DDR-Zeit fort? Und hier muß ich doch auch mit Fachbegriffen kommen: Ist dieses Fremdsein vielleicht eine Abwehrfigur? Was wird abgewehrt? Bei Julia Kristeva finde ich: »Als Symptom entsteht der Fremde, wenn in mir das Bewußtsein meiner Differenz auftaucht, und er hört auf zu bestehen, wenn wir uns alle als Fremde erkennen, widerspenstig gegen Bindung und Gemeinschaft.« (1990) Abgewehrt wird demnach Zugehörigkeit, z. B. an diese deutsche Nation, die in diesem Jahrhundert eine mörderische war. Abgewehrt wird die Bindung an sie, vielleicht damit auch Verantwortlichkeit. Wenn man fremd ist, ist man nicht ganz so zuständig für die Zustände, in denen man lebt. Wäre die DDR ganz mein Land gewesen, wären die Todesschüsse an der Mauer völlig unerträglich, und ich hätte mich jeden Tag mit einem Protestplakat auf den Alexanderplatz stellen müssen. Wäre dieses neue vereinigte Deutschland ganz mein Land, müßte ich mich politisch noch viel stärker engagieren, um meinen Ansprüchen zu genügen. Entfremdung ist dann nicht nur ein Gefühl, sondern ist ein konflikthafter Prozeß, an dem ich aktiv beteiligt bin – und den ich auch aufheben kann, indem ich mich mehr einlasse. Mich darauf einlasse, wieder in einem großen Deutschland zu leben, dieser Nation anzugehören und mich mit ihr und in ihr zu engagieren – in Schmerz, mit Verantwortung und vielleicht auch mit Freude.

Literatur

Fuchs, J. (1979): Tagesnotizen. Reinbek bei Hamburg. (Rowohlt Taschenbuch).
Kristeva, J. (1990): Fremde sind wir uns selbst. Frankfurt a Main (Suhrkamp).
Leinemann, J. (1998): Das deutschere Deutschland. In: DER SPIEGEL Nr. 38/1998.
Wolfram, K. (1996): Zur Geschichte des guten Willens. In: Sklaven Nr. 25, S. 3-5.

Notizen zu meiner Zweisprachigkeit

Jan Faktor

Mein Tschechisch ist nach neunzehn Jahren einer Fast-Abstinenz kein ganz perfektes und vor allem kein ganz aktuelles Tschechisch mehr (in Berlin kannte ich die meiste Zeit leider niemanden, mit dem ich hätte Tschechisch sprechen können) und mein Deutsch ist kein ganz tolles Deutsch – mein deutscher Wortschatz ist beschränkt, und ich bin mir bei der Rechtschreibung manchmal immer noch unsicher (ich benutze ab und an falsche Artikel, fühle nicht immer eindeutig, wo die schwache oder die starke Deklination dran ist; von meinem Akzent gar nicht zu sprechen). Das ist – ganz verkürzt beschrieben – der nicht ganz ideale Zustand meiner Zweisprachigkeit. Und obwohl ich noch viel mehr über die Unvollkommenheit meiner Sprachkenntnisse klagen könnte als gerade angedeutet, kann und will ich es nicht, weil ich in erster Linie dankbar dafür bin, daß es den Bruch in meinem Leben gab, der diese Zweisprachigkeit mit sich brachte.

Die siebziger Jahre in der damaligen ČSSR waren grauenhaft. Ich habe den politischen und kulturellen Niedergang nach dem Einmarsch von 1968 sehr intensiv erlebt, habe wegen der unerträglichen Atmosphäre in Prag – wie bereits berichtet – nach drei Semestern von mir aus 1971 die Universität verlassen. In den slowakischen Bergen habe ich – ganz weit oben – in einer Schutzhütte gearbeitet und nebenbei geschrieben. Es war eine für mich sehr wichtige und intensive Zeit; beim Klettern und beim Tragen von Lasten hatte ich dort mehrere extreme Erlebnisse. Mit meinen Texten wurde ich aber trotzdem – trotz meiner Konsequenz und Konzentration in der Abgeschiedenheit in den Bergen – nicht zufriedener; nach zwei Jahren ging ich nach Prag zurück. Die Stadt war für mich nach der Rückkehr aber nur zu ertragen, indem ich mich mit Arbeit zuschüttete und mich vor der politischen Verlogenheit und Stupidität, den inneren Verfallserscheinungen in der Gesellschaft und der allgemeinen kulturellen

Degeneration sauber hermetisch in einem EDV-Zentrum abschirmte. Dort verbrachte ich Tage und Nächte mit Programmieren und Experimentieren. So etwas gab es nur im Sozialismus – ich hatte stundenlang den teuren Großcomputer nur für mich allein und konnte manchmal nächtelang machen, was ich wollte. Von der übrigen Realität bekam ich dabei logischerweise nicht allzuviel mit; tagsüber schlief ich oft. Und da diese Arbeit für mich etwas sehr Kreatives hatte und ich dauernd neue, immer ausgeklügeltere Programme schrieb, mit denen ich das veraltete russische Betriebssystem zu verbessern versuchte, konnte ich auch nichts Literarisches produzieren – und wollte es auch nicht. Diese Schreibpause – eigentlich wollte ich mit dem Schreiben damals ganz aufhören – dauerte insgesamt fünf bis sechs Jahre.

In mir steckte sicher lange so etwas wie der Wunsch, aus Prag, das damals in den 70er Jahren von Monat zu Monat grauer und bedrückender wurde, herauszukommen – zu verschwinden. Trotzdem hatte aber meine Übersiedlung in die DDR nicht viel mit einem großen Entschluß oder einem originellen Einfall zu tun; abgesehen davon, daß es im Ostblock, in dieser Gemeinschaft von »Bruderstaaten« ohne einen so eindeutigen Grund wie eine Heirat überhaupt nicht möglich gewesen wäre, das Land »einfach so« zu wechseln. Viele Biographien sehen so interessant aus – so bunt, gebrochen, voll von mutigen Entscheidungen oder Ideen; mal hier gelebt, mal dort vegetiert, mal so existiert, mal wieder ganz anders; man stellt sich vor – und oft eben falsch –, daß derjenige, der diese Biographie vorzuweisen hat, sich von einem freien Entschluß zum nächsten bewegte. Die meisten Entschlüsse aber – und das entnehme ich nicht nur meinem Leben – die meisten Entschlüsse werden einem durch Umstände, Zufälle oder Glücksfälle von außerhalb angeboten oder aufgezwungen; sie sind in bestimmten Momenten notwendig, gewöhnlich, meistens einfach ganz pragmatisch geprägt. Dabei hat man dann eben Pech oder Glück. Ich habe in meinem Leben aber oft viel Glück gehabt. Damals großes Glück mit meiner zukünftigen Frau;[1] und auch – obwohl das jetzt für manche erst einmal eigenartig klingen könnte – Glück mit der DDR, wo sie damals lebte.

In der DDR – auch in den politisch interessierten Kreisen – schleppte man gewaltige Irrtümer mit sich: Einerseits wurde die tschechische Opposition (wie bereits beschrieben) politisch falsch eingeschätzt, andererseits nahm man an, daß es im Prager Bier-Sozialismus im großen und ganzen ganz locker zuging. Man schlußfolgerte, daß – wenn die DDR einen der effektivsten Staatssicherheitsdienste im Ostblock hatte – man eben hier bestimmt auch die schlimmste Unterdrückung erlebte. Und man wollte irgendwie nicht wahrhaben, daß der politische Druck in der ČSSR, der sich in den siebziger Jahren dauernd steigerte und nach 1977 für viele dramatische Ausmaße annahm, viel stärker war als in der DDR. Der Polizeiapparat mußte nicht wie in der DDR allzu große Angst vor der Präsenz der Westmedien haben, bei den Schikanen und Übergriffen ging es in der ČSSR oft viel brutaler zu als allgemein bekannt. Und noch etwas sehr Wichtiges: In der Tschechoslowakei wurde – wie bereits angesprochen – das »Parasitentum« viel rigoroser bekämpft.

In der DDR sah es in dieser Hinsicht anders aus: Man konnte hier vielen langhaarigen Gestalten begegnen, die sich nicht sonderlich tarnen mußten; hier wuchs relativ unbehelligt eine ganze Generation von Aussteigern heran. Viele dieser jungen Leute haben nur begrenzt oder gar nicht oder nur wechselhaft – mal ja, mal nein – gearbeitet und sich seltsamen Aktivitäten oder Künsten gewidmet. Dies wurde durch eine gewisse Liberalität des DDR-Staates möglich, der (im Verlauf der 80er Jahre – und vor allem in Berlin) allmählich

[1] Nur für die ganz Neugierigen: Da sich meine Mutter und die Eltern meiner Frau nicht nur aus beruflichen Gründen gut kannten, sondern auch befreundet waren, kannten und besuchten wir uns schon als Kinder und Jugendliche. Wir verbrachten oft gemeinsam Ferien in der DDR oder ČSSR und mochten uns schon damals sehr. Nach einer zum Teil durch das Jahr 1968 erzwungenen, zum Teil privat bedingten Unterbrechung des Kontakts kamen wir dann nah einigen Jahren als Erwachsene dank der früheren Vertrautheit leicht und spontan wieder zusammen und heirateten 1977.

aufhörte, die Arbeitspflicht ganz rigoros durchzusetzen und das – aus dem Nicht-Arbeiten abgeleitete – »Parasitentum« strafrechtlich zu verfolgen. Diese »Aussteiger mit Überzeugung« verzichteten in ihrem Leben von vornherein auf Hochschulbildung (meistens auch auf das Abitur) und auch auf Karrieren in »ordentlichen« Berufen, waren zu den in der DDR sonst notwendigen Kompromissen nicht bereit und schlugen sich immer weiter oft auf mysteriöse Weise durch. Die Lebenshaltungskosten – wie man weiß – waren sehr gering. Dazu eine kurze Geschichte: Der Fotograf Thomas Florschuetz[2] erzählte mir: wenn er früh mal Hunger und absolut kein Geld hatte, ging er z. B. zur Post, tat beim Telefonautomaten so, als ob er telefonierte, und ging dann zum Schalter. Dort sagte er, der Automat sei kaputt und er habe dadurch 20 Pfennig verloren. Er bekam 20 Pfennig ausgehändigt und kaufte sich dafür vier Brötchen.

Ich schweife hier nicht unnötig ab – dies alles hängt mit meinem Thema zusammen. Vor diesem Hintergrund muß man nämlich die Entstehung ganzer oppositioneller und künstlerischer Kreise in den großen Städten der DDR sehen – in Dresden, Leipzig, Jena und in Ostberlin (vor allem im Stadtbezirk Prenzlauer Berg). Der Bezirk Prenzlauer Berg war ein Lebensbereich mit relativ vielen, in der übrigen DDR nicht denkbaren Freiheiten, der viele jüngere Menschen aus dem »Rest« des Landes anzog. Es war ein für DDR-Verhältnisse extrem chaotischer Bezirk, in dem nicht unbedingt die Künstler die Hauptrolle spielten und auch nicht unbedingt die Schriftsteller. Es gab dort alle möglichen Gruppierungen und Kreise. Der Staat – hier verkörpert in erster Linie durch die Kommunale Wohnungsverwaltung (KWV) und die Abschnittsbevollmächtigten der Volkspolizei (die Stasi lauerte natürlich überall, aber eher, so lange es ging, konspirativ im Hintergrund) – der Staat gab irgendwann auf; die Ordnungsmächte versagten einfach angesichts der unüberschaubaren Umzüge, Zuzüge, Wohnungsbesetzungen, Wohnungsvergröße-

[2] Ein heute sehr bekannter und anerkannter experimenteller Fotograf.

rungen und -Zusammenlegungen (es wurden z. T. völlig eigenmächtige Wanddurchbrüche hergestellt – auch durch ganz dicke Wände zwischen benachbarten Häusern); die Kontrollwut des Staates versagte angesichts plötzlicher Geburten und anderer Dringlichkeiten, angesichts des Zerfalls der Häuser, dem einerseits von ansonsten arbeitsscheuen, aber handwerklich begabten Individuen in Eigeninitiative entgegengearbeitet wurde, der aber andererseits von duschwütigen Leuten wie Chappi-Wawerzinek,[3] die ganze Hausflügel von oben bis unten überfluteten, rapide beschleunigt wurde; die Verwaltung mußte versagen auch angesichts der zahlungswilligen Neumieter ohne Mietvertrag, die durch regelmäßiges Miete-Zahlen eigenmächtig nach und nach zu seriösen Mietern avancierten usw.

Als ich 1978 aus Prag kam, war der Prenzlauer Berg für mich zunächst eine große und mehr als angenehme Überraschung. Ich lebte dort zwar nicht, aber die meisten meiner Freunde und Freunde meiner Frau (diese unterhielten einen halbkonspirativen marxistischen Zirkel) wohnten dort. Insgesamt entsprach Berlin absolut nicht meinem Bild von der braven und ordentlichen DDR. Ich ging in Berlin bald zu den ersten Wohnungs- oder Grundstückslesungen und Theateraufführungen. In Prag wären solche illegalen Zusammenrottungen von manchmal hundert und mehr Menschen undenkbar gewesen. Von solchen Versammlungs- und anderen Freiheiten konnte man dort nur träumen.

Kurz noch zu meiner Lebenssituation – wir hatten zwar zwei Kinder, konnten also nicht ganz minimalistisch leben, wir wurden aber zum einen von den Eltern meiner Frau unterstützt, zum anderen hatte meine Frau einen ordentlichen Beruf, in dem sie sich damals einigermaßen frei vom politischen Druck zu fühlen versuchte (was natürlich nicht besagt, daß sie jeden Tag fröhlich zur Arbeit ging). Jedenfalls war unsere Situation so, daß ich es mir leisten konn-

[3] Schriftsteller und Improvisationskünstler. Eine der lautesten und provokantesten Gestalten des künstlerischen Undergrounds am Prenzlauer Berg.

te, stark verkürzt (als Schlosser) zu arbeiten und nur wenig zu verdienen; und ansonsten – neben Hausarbeit und Kinderbetreuung – zu schreiben. Offiziell habe ich nicht publiziert. Die Schlosserarbeit machte ich sehr gern, wollte auch gleichzeitig etwas Geld verdienen. Und ganz ohne Arbeit zu existieren habe ich mich nicht getraut: nach meiner ersten Wohnungslesung wurde mir mit der Ausweisung aus der DDR gedroht. Einen Vorwand wollte ich den Behörden nicht unbedingt liefern.

Jetzt aber konkret zu meiner Zweisprachigkeit, die sich vor dem Hintergrund dessen, was ich bis jetzt beschrieben habe, abspielte und weiterentwickelte. Ich schrieb natürlich erst einmal alles nur in Tschechisch. Später fing ich dann an, meine Texte sporadisch ins Deutsche zu übersetzen, systematisch erst dann, als ich mich auf meine erste, privat organisierte Lesung bei Ulrike und Gerd Poppe vorbereitete – das war im Herbst 1981. Ich übersetzte meine Texte erst einmal in ein verständliches, aber nur halb-richtiges Deutsch, das von jemandem korrigiert werden mußte. In den meisten Fällen half mir meine – auch literarisch – begabte Frau, die über die Texte gleichzeitig auch die ersten Urteile fällte und mit der ich mich beim Lektorieren manchmal hart auseinandersetzen mußte.

Etwas später, irgendwann in der Zeit, in der ich sehr produktiv viele kürzere Texte schrieb (manchmal zwei am Tag, viel davon war natürlich nicht brauchbar) kam mir diese Arbeitsweise zu umständlich vor – also erstmal alles tschechisch zu schreiben und dann gleich wieder um den Schreibtisch herumzugehen, wo die deutsche Schreibmaschine stand, um die deutsche Fassung herzustellen. Ich entschloß mich ganz logisch, die Einfälle, die in mir damals auch schon häufiger in deutschen Sätzen aufkamen, auch deutsch aufzuschreiben. Zu alledem brauchte ich ja die Texte sowieso in erster Linie deutsch. Bei diesem ersten Versuch, deutsch zu schreiben, habe ich damals zum Glück nur zwei oder drei Texte produziert. Ich machte dabei eine grauenhafte Entdeckung: Diese neuen Texte, die für mich im Deutschen zunächst ganz annehmbar aussahen, entpuppten sich bei der »Rückführungsaktion« als völlig unhaltbar. Als ich nämlich versuchte, sie nachträglich ins Tschechische zu übersetzen – ich wollte sie natürlich in beiden Sprachen haben –, merkte ich, wie ungenau und oberflächlich sie formuliert waren und wie wenig durchdacht. Bei dieser »Rückübersetzung« in meine Muttersprache kam die gründliche Kleinarbeit an den Texten erst richtig in Gang; und mir fiel dann dabei noch zusätzlich viel Neues ein. Die Texte wurden so um wichtige sprachliche Details und auch inhaltliche Nuancen reicher und waren dann in der neuen, also tschechischen Gestalt fast nicht wiederzuerkennen. Nach dieser Erfahrung habe ich das Deutsch-Schreiben vorläufig lieber sein lassen, obwohl mir die deutsche Sprache inzwischen sehr vertraut war und ich sie – wegen ihrer Strenge und Logik und mancher ihrer Möglichkeiten und Eigenarten – sehr mochte.

Manches schrieb ich aber von Anfang an natürlich nur deutsch, weil es anders absolut nicht ging. Viele experimentelle Texte, die ich z. B. mit Hilfe von deutschen Lexika oder Grammatikbüchern herstellte, existieren deswegen nur in Deutsch; und weil es für viele Sprachspiele, für die das Deutsche wunderbar geeignet und gebaut ist, im Tschechischen überhaupt keine adäquaten Entsprechungen gibt und die tschechische Sprache sich wegen ihrer überkomplizierten Grammatik und der zu sensiblen Variationsmöglichkeiten z. B. bei den Endungen für grobschlächtigere Experimente nicht eignet, habe ich mit den Versuchen aufgehört, im Tschechischen ähnliche Wörterbuchtexte wie im Deutschen zu produzieren. Zusätzlich auch noch deswegen, weil ich kaum jemanden in Prag mit meinen Texten überzeugen, geschweige denn sonderlich begeistern konnte; auch nicht mit den nicht ganz absurd-experimentellen. Man fand sie wenig faßbar bis unsinnig – oder einfach sehr fremd. Oder noch genauer gesagt: Viele Freunde oder Literaten wußten nicht, was ich mit dem Quatsch eigentlich wollte. In der Untergrundedition »Petlice« publizierte ich nur ein einziges Buch. Es gab in Prag aber doch einige wenige, die meine Arbeiten ernst nahmen – das Schriftstellerpaar

Josef Hiršal und Bohumila Grögerová, die Theaterwissenschaftlerin Růžena Grebeníčková, die Kritiker Sergej Machonin und Karel Karfík.

Nach mehreren Jahren eines angestrebten und anstrengenden sprachlichen Doppellebens fing ich dann aber doch an, ausschließlich oder fast ausschließlich deutsch zu schreiben. Zum einen gab ich es aus den gerade erwähnten Gründen auf, auch in Prag präsent zu sein, zum anderen hatte der Entschluß ganz praktische Gründe. Meine inzwischen auch theoretischen Texte wurden immer länger und komplizierter, und ich mußte im Grunde an jedem dieser Texte doppelt arbeiten – mit ganz schwierig verquickten Konsequenzen: Auch wenn der Text im Tschechischen abgeschlossen und wirklich in Ordnung war, fiel mir – da man beim Übersetzen auch der eigenen Texte an das Original wieder sehr gründlich herangehen muß – beim nachträglichen Übersetzen ins Deutsche doch immer noch etwas Neues ein; das hieß, daß das Übersetzte keine saubere Übertragung war, sondern eine Überarbeitung; also eine noch einmal durchgearbeitete Fassung, besser als das Original. Und da ich ein ziemlich gründlicher Mensch bin und nicht verschiedene Versionen von einem Text haben wollte, übertrug ich die Änderungen natürlich zurück ins Tschechische. Beim Einarbeiten dieser Änderungen in den tschechischen Text fielen mir natürlich oft neue gedankliche Unvollkommenheiten der deutschen Übersetzung auf – oder ich fing an, in der tschechischen Urfassung an neuen Feinheiten in den Formulierungen zu basteln; und diese mußten wieder zurück in die – eigentlich schon längst fertige – deutsche Fassung eingetragen werden. Da ich damals keinen Computer hatte, bedeutete dies, daß ich die Texte mehrmals in beiden Sprachen abtippen mußte. Es war eine ziemliche Qual. Das gedoppelte Schreiben mußte ich also früher oder später aufgeben.

Ungefähr seit 1985 schreibe ich also nur deutsch. Mein Defizit – kein perfektes Deutsch zu produzieren – habe ich zum Glück mit meinen deutschsprachigen Experimenten, glaube ich, mehr als ausgleichen können. Ich habe für mich ein sprachliches Gebiet entdeckt, in dem ich mich sehr bald mit großer Sicherheit bewegen konnte. Und ich schrieb z. T. ziemlich sonderbare Texte, die mir als Muttersprachler wahrscheinlich nur schwer eingefallen wären; im Deutschen klang mir einfach vieles lange noch sehr fremd, und mir fehlten – auch dank meiner aggressiven Impulse beim Schreiben – manche Hemmungen. Bei den experimentellen Texten kam es eben nicht auf korrektes Deutsch an; die Texte waren meist Konstruktionen, die nach konventionellen Regeln ohnehin falsch waren und es auch – mit gutem Grund – sein sollten. Im Tschechischen bin ich dagegen bei mehreren Versuchen, anders und unkonventionell zu schreiben – auch schon früher in den 70er Jahren –, im Grunde gescheitert. Daß mir die deutsche Sprache zugänglich wurde, war – wie gesagt – ein Glücksfall. Und es ist auch ein Glücksfall, daß es eine Sprache ist, die mir und meinem Sprachempfinden sehr entspricht; sie ist für mich als Material zum Arbeiten wie geschaffen. Im Grunde war es auch die zweite Sprache meiner Kindheit (bei uns zu Hause wurde oft deutsch gesprochen – passiv bekam ich also einiges mit); gelernt habe ich diese Geheimsprache meiner Großmutter aber leider erst viel später am Gymnasium.

Mein erstes Buch erschien 1989 – neunzehn Jahre nachdem ich angefangen hatte zu schreiben. Und da ich ein langsamer Mensch bin (und sowieso immer eher ein Spätentwickler war), bedeutete für mich dieser Spätstart kein Problem, das mich nachträglich traurig oder wütend machen würde. In den siebziger Jahren bewahrte mich die sozialistische Kulturpolitik vor dem Publizieren unreifer Erzählungen, die ich eine Zeitlang massenhaft produzierte und für die ich mich jetzt größtenteils nur schämen könnte. Später in den 80ern konnte ich dann alles, was ich schrieb, ohne politische oder kommerzielle Zwänge in den inoffiziellen Zeitschriften in Ostberlin veröffentlichen.

Meine Übersiedlung in die DDR brachte mir aber noch mehr: Deutsche, ins Tschechische nicht übersetzte Literatur, Sachbücher (alles größtenteils aus dem Westen), dann Informationen aus dem

West-Rundfunk und -Fernsehen. Ich entdeckte in der DDR alle möglichen, nicht nur literarischen Quellen, die mir in Prag wahrscheinlich verschlossen geblieben wären. Und ich fand hier offene – auch für Zugewanderte wie mich offene – Gruppierungen und Freundeskreise, lernte Menschen kennen, mit denen ich – wie ich dann merkte – viel Gemeinsames hatte. In Prag war ich im Vergleich dazu eher ein Einsiedler.

In den letzten Jahren arbeite ich phasenweise an einem Roman, in dem es vor allem um meine Kindheit geht. Den schreibe ich – versteht sich – wieder in Tschechisch.

Von der Selbstaktualisierung zum Unbewußten

Annette Simon

Nachdem ich mir das Thema gestellt hatte, mich den Anfängen meines Psychotherapeutendaseins in der DDR zuzuwenden, mußte ich fast die ganze Zeit gegen einen zähen Widerwillen kämpfen. Meine alte Diplom-Arbeit zu lesen, mich mit Professor Helm, dem Vater der Gesprächspsychotherapie (GT) in der DDR zu verabreden und mich erneut auf diese Zeit einzulassen, traf auf einen so großen Widerstand in mir, daß ich ihn, nicht nur aus professioneller Attitüde, ernst nehmen muß. Vielleicht werden sich einige der Anteile, aus denen sich dieser Widerstand zusammensetzt, im Laufe dieses Vortrages anschaulich machen lassen.

Wenn wir als Mitglieder der Arbeitsgemeinschaft für Psychoanalyse und Psychotherapie[1] versuchen uns zu erinnern, welchen Weg wir gegangen sind bis zum heutigen Tag und wenn wir uns deutlich machen, daß es verschiedene Wege sind, wird eins klar: Es ist nicht leicht, die Waage zu finden zwischen der angebrachten kritischen Selbstreflexion und dem ebenso angemessenen Selbstbewußtsein – das eine kann umschlagen in Selbstdenunziation, das andere in Selbstbeweihräucherung. Ich traue uns inzwischen aber sowohl die innere Freiheit als auch die Kompetenz zu, diese Selbstreflexion noch in unserer Generation zu leisten.

Das wird mir auch möglich durch die immer stärker werdende Klarheit und Einsicht, wie meine psychotherapeutische Entwicklung nicht nur von meiner inneren Psychodynamik, sondern auch von dem gesellschaftlichen Umfeld geprägt war, geprägt von bewußter und unbewußter Anpassung, von bewußter und unbewußter Angst

[1] Arbeitsgemeinschaft für Psychoanalyse und Psychotherapie Berlin (A. P. B.), 1991 von DDR-Psychotherapeuten gegründetes Ausbildungsinstitut für Psychotherapie und Psychoanalyse

und von bewußter und unbewußter Auflehnung gegen beides. Auch unsere LehrerInnen, die uns in die Psychotherapie einführten, konnten in diesem Staat selbst nicht richtig erwachsen werden und ließen uns mit vielen Konflikten allein.

Das Studium der Psychologie begann ich im Jahr 1970 an der Humboldt-Universität in Berlin. Ich habe diese Zeit immer Nachachtundsechziger Restaurationszeit genannt, die Hoffnungen des Prager Frühlings waren erstickt, und man richtete sich in der repressiven Atmosphäre ein, die besonders an der Universität überdeutlich zu spüren war. Schon die Zulassung zum sehr begehrten Psychologiestudium war mit vielen Hürden verbunden: Es wurden in Berlin pro Jahr nur 20 neue Studenten immatrikuliert und neben den überdurchschnittlichen Leistungen hatte man gesellschaftliches Engagement im Sinne des herrschenden Systems vorzuweisen.

In dem Aufnahmegespräch zum Studium wurde ich nach dem 2. Signalsystem von Pawlow befragt und ob ich die »Prawda«[2] vom Vortag gelesen hätte.

Meine Entscheidung für das Psychologiestudium war neben innerpsychischen Motiven auch aus einem starken gesellschaftlichen Leidensdruck gespeist. So traf ich bei der Suche nach einer Psychotherapieform, mit der ich mich identifizieren und der ich mich zugehörig fühlen konnte, auf die nicht-direktive Therapie nach Rogers, in der die Selbstverwirklichung/Selbstaktualisierung bekanntlich einen zentralen Stellenwert hat. Und ich traf in Johannes Helm auf einen Menschen, der die Ideale dieser Gesprächspsychotherapie relativ überzeugend vertrat.

Professor Helm, Jahrgang 1927, war und ist ein Mann mit eigenem Stil, mit Humor und Selbstironie wie sie nur bei wenigen Dozenten der Sektion Psychologie zu finden waren. Er hatte breitgefächerte Interessen und Kunstverstand, und er malt bis heute gekonnt naive Bilder von einem eigenartigen Surrealismus. Was

[2] Zeitung und Zentralorgan der sowjetischen Kommunistischen Partei

ihm nicht gegeben war und ist, sind Aggressivität und Durchsetzungsvermögen.

Nach der Hochschulreform 1968, die die Studiengänge in der DDR effektiver machen und sie auch am »Weltmaßstab« orientieren sollte, konnte sich auch die Psychotherapieforschung an den Universitäten aus der bisherigen Abschottung vom Westen befreien. Helm wandte sich zunächst der nicht-direktiven Kindertherapie nach Virginia Axline zu, um dann darüber den Weg zu Tausch zu finden, den er später auch persönlich kennenlernte. Zusammen mit einer Gruppe von Assistenten und Forschungsstudenten begann er, sich intensiv mit der Gesprächspsychotherapie zu befassen und eigene Forschung und Ausbildung zu betreiben. Zu seinen engsten MitarbeiterInnen gehörten: Inge Frohburg, Beate Jülisch, Helga Schubert und Hartmut Wyrwich. Zu Beginn herrschten Pioniergeist und Aufbruchstimmung.

Helm hielt auch die Seminare über Psychotherapie an der Humboldt-Universität, in denen die Psychoanalyse durchaus vorkam, ihre Grundannahmen einerseits ausgebreitet, andrerseits aber auch sogleich kritisiert wurden. Auch heute unterstreicht Helm seine Distanz zur Psychoanalyse: Er empfinde sie nicht als naturwissenschaftlich begründet, in ihren Effekten nicht durchschaubar, daher auch nicht erforsch- und meßbar, sozusagen wissenschaftlich unseriös.

Um dies mehr zu verstehen, muß man wissen, aus welcher Schule er kommt – und mit ihm übrigens fast alle Dozenten und Professoren am Berliner Psychologie-Institut der DDR-Zeit: Ihr Lehrer und Ziehvater war Kurt Gottschaldt – »der Typus eines deutschen Wissenschaftlers, dem es gelang«, wie es Mitchell Ash, ein amerikanischer Wissenschaftshistoriker, ausgedrückt hat, »vier Karriereetappen unter vier verschiedenen politischen Regimen« zu durchleben. (Ash, 1997, S. 1)

Gottschaldt war in den zwanziger Jahren Schüler und Mitarbeiter der Gestaltpsychologen Max Wertheimer und Wolfgang Köhler in Berlin. Von ihnen lernte er sowohl ganzheitliches Denken als auch streng naturwissenschaftliche Theoriebildung. Er arbeitete danach mit schwererziehbaren Kindern und wurde, nach einem kurzen Karriereknick zu Anfang der Nazizeit, 1935 als Leiter der neugegründeten erbpsychologischen Abteilung am Kaiser-Wilhelm-Institut in Berlin berufen. Er war nie Mitglied der NSDAP und in keiner Weise an Politik, immer nur an seiner Forschung interessiert. Die konnte er in dieser Funktion mit aller staatlichen Unterstützung durchführen. Ich zitiere Mitchell Ash: »Die Hauptleistung Gottschaldts während der NS-Zeit war die Einrichtung und Organisierung eines gewaltigen Forschungsinstruments der totalen Beobachtung in den von ihm so genannten ›Zwillingslagern‹ ... Nach einem Probeversuch in Berlin im Sommer 1936 wurden in den Sommern 1937 und 1938 auf der Insel Norderney zwei Ferienlager für Zwillinge für jeweils acht Wochen eingerichtet. Die zentrale Fragestellung dabei hieß ab 1939 in Anlehnung an einen Terminus Eugen Fischers ›Phänogenetik‹; gemeint war die Vererbbarkeit psychischer Eigenschaften und Persönlichkeitsmerkmale sowie ihre Entfaltung im Laufe der menschlichen Entwicklung. ... Gottschaldt hielt sich mit Äußerungen zur eugenischen Praxis in seinen Veröffentlichungen sehr zurück ... Vielmehr betonte er stets die Wechselwirkung von Anlage und Umwelt. Die Intelligenz zum Beispiel war seiner Meinung nach ein derart vielschichtiges Phänomen, daß ihre erbliche Seite kaum auf ein einziges Gen zurückzuführen sei. Dies alles mußte die rasche Durchführung einer positiven eugenischen Selektion unmöglich erscheinen lassen. In einem Interview gegen Ende seines Lebens bestand Gottschaldt darauf, daß dieser Standpunkt keine Taktik, sondern seine Fundamentalkritik an der nationalsozialistischen Rassenpolitik gewesen war; diese Kritik basierte aber weniger auf ethischen als auf praktischen Gründen.« (Ash, 1997, S. 6-8)

Nach dem Ende des Zweiten Weltkrieges ging es Gottschaldt in erster Linie um sein professionelles Überleben und die Fortsetzung seiner einzigartigen Zwilingsforschung. Durch Geschick, Taktik und durch die Betonung seiner Naturwissenschaftlichkeit gelang es ihm, in der sowjetischbesetzten Zone eine außerordentliche Professur zu erhalten. Im Dezember 1947 wurde er zum ordentlichen Professor ernannt und eröffnete kurz darauf das neue psychologische Institut in der Oranienburger Straße 18 in Ost-Berlin.

Das ist die Zeit, in der meine späteren Professoren bei ihm gelernt haben. Er wird als außerordentlich beeindruckend geschildert: unglaublich tatkräftig und arbeitswütig, in seinen Lehrveranstaltungen redegewandt und überzeugend, aber auch sehr autoritär-patriarchalisch, von seinen Mitarbeitern das Letzte fordernd und teilweise sehr verletzend.

Dies habe ich erst jetzt auf Nachfrage erfahren, denn im Jahr 1970 war von ihm keine Rede mehr, sein Name und seine Forschungen wurden nicht erwähnt, denn seine Karriere hatte eine erneute Wendung erfahren: Bis 1958 konnte Gottschaldt seine Macht und seine Prominenz erreichen, ohne in die SED einzutreten, bekannte sich aber in vielfältiger Weise zur DDR. Mit seiner Gestaltpsychologie versuchte er aber eine quasi systemneutrale Wissenschaft zu etablieren.

»Nachdem die SED ab 1958 nicht nur die materielle und institutionelle, sondern auch die ideologische Integration der ›naturwissenschaftlich-technischen Intelligenz‹ anstrebte, ließ sich ein solcher systemneutraler Wissenschaftsbegriff nicht mehr ohne weiteres aufrechterhalten. Im Februar 1958 befürwortete die Dritte Hochschulkonferenz der SED eine Umlenkung der psychologischen Forschung und Ausbildung auf die Bedürfnisse des Sozialismus, die Erweiterung des Wissens um die Sowjetpsychologie und die Verstärkung der Parteigruppen in den psychologischen Instituten. Um diese Ziele zu erreichen, wurde eine Veränderung in der Zusammensetzung des Wissenschaftlichen Beirats für Psychologie beim Staatssekretariat für Hochschulwesen, dessen Vorsitz zu jener Zeit Kurt Gottschaldt innehatte, gefordert. Schon vorher (1956; Anmerkung der Verfasserin) erschien eine Polemik des Emigranten Alfred Katzenstein gegen den vermeintlich ›idealistischen‹ Standpunkt der von Gottschaldt vertretenen Gestaltpsychologie. Kurz darauf folgte eine Vortragsreihe der Pädagogischen Psychologen an der Humboldt-Universität, deren Ziel es war ›die letzten Überreste der bürgerlichen Psychologie zu überwinden.‹ Auch hier wurde die Gestaltpsychologie heftig kritisiert, als Ulrich Ihlefeld von dem ›reaktionären Kern dieser anscheinend materialistischen Konzeption‹ sprach.« (Ash, 1997, S. 22)

In dem nun einsetzenden Machtkampf auf mehreren Ebenen ging es nicht nur um den hehren Kampf zwischen Ideologie und Wissenschaft, sondern diese wurden als Vehikel gebraucht, um Macht zu behaupten oder zu erlangen. Es würde hier zu weit führen, die folgenden Verwicklungen zu schildern. Der Kampf endete damit, daß Gottschaldt am 8. August 1961 einen Ruf nach Göttingen annahm und im Februar 1962 auf illegalem Wege die DDR verließ. Die Umstände seiner Flucht liegen bis heute im Dunkeln. Er konnte einen Teil der Daten seiner auch in der DDR fortgesetzten Zwillingsforschung mitnehmen. Jahrzehntelang bemühte er sich um die restlichen Unterlagen, aber erfolglos. Er starb 1991 in Göttingen. Erst nach seinem Tod wurden diese Unterlagen beim Max-Planck-Institut in München wieder vereinigt. Eine vierte Studie mit den noch lebenden Norderney-Zwillingen, die jetzt über 60 Jahre alt sind, ist zur Zeit in Arbeit.

Aber kehren wir zum Berliner Institut zurück: Der Nachfolger von Gottschaldt und Sieger im Machtkampf wurde Friedhard Klix,[3] Mitglied der SED und ihrer Parteileitung, später auch IM der Staatssicherheit und einer der ganz wenigen »Reisekader« unter den DDR-Psychologen.

Interessanterweise hat Klix nach der Wende in einem Interview zur Entwicklung der DDR-Psychologie auf Gottschaldt Bezug genommen: Sie hatten sich Ende der 70er Jahre getroffen »Als er

[3] Klix, F., ab 1963 Professor für Allgemeine Psychologie an der Humboldt-Universität zu Berlin, Sektionsdirektor bis 1984

(Gottschaldt – Anmerkung der Verf.) mir zum Abschied die Hand reichte, sagte er: ›Klix, ich bin nicht mehr der, der ich war.‹ Diesen Satz«, sagt Klix 1992, »möchte ich heute auch für mich in Anspruch nehmen.« (Busse, 1996, S. 150)

Als Leiter behielt Klix die naturwissenschaftliche Betonung der Psychologie bei, hob die Grundlagenforschung als das Wesentliche heraus und bezeichnete die klinischen Psychologen als »Sanitäter«.

Johannes Helm, ebenso Schüler von Gottschaldt setzte mit seiner Psychotherapieforschung andere Akzente und hatte damit einen außerordentlich schweren Stand am Berliner Institut im Spannungsfeld zu Klix und im Spannungsfeld der DDR-Psychotherapie überhaupt. In diesem Feld kann man vielleicht verstehen, warum sich die Gesprächspsychotherapie der DDR immer so sehr bemühte, ihre Wissenschaftlichkeit unter Beweis zu stellen und dies manchmal schon in groteskes statistisches Fliegenbeinzählen ausartete. 1978 erschien das Buch »Gesprächspsychotherapie« in der DDR, eine Zusammenfassung einer zehnjährigen Forschung, die durchaus dem Stand der internationalen Psychotherapieforschung in dieser Therapierichtung entsprach, gleichzeitig aber ob seiner Wissenschaftssprache und der Anhäufung von statistischen Untersuchungen kaum lesbar ist und einen fast erschlägt. Die Gesprächspsychotherapie mußte immer wieder mit dieser Art von Wissenschaftlichkeit ihre Existenzberechtigung nachweisen, um Anerkennung und Mittel ringen und teilweise schwere Demütigungen hinnehmen. Ein psychoanalytischer Standpunkt mit seinen Unwägbarkeiten hätte – ganz abgesehen von der abgebrochenen Tradition – an einer Universität in der DDR keine reale Chance gehabt, wie er ja übrigens auch an den meisten Universitäten der Bundesrepublik lange keine Chance hatte.

Außerdem gab es auch innerhalb der Therapieschulen der DDR heftige Auseinandersetzungen, besonders zwischen den Vertretern der intendiert dynamischen Gruppentherapie und der Gruppe um Helm. Diese Auseinandersetzungen waren teilweise durchaus nicht fein. In einem unveröffentlichten Bericht von Helm zu einem Diskussionsbeitrag von Dr. Szewczyk[4] aus dem Jahre 1974 lese ich, daß Dr. Szewczyk bei einer öffentlichen Tagung die GT-Ausbildung an der Sektion Psychologie der Humboldt-Universität kritisierte, weil hier Studenten mit im kapitalistischen Ausland entwickelten Methoden ausgebildet würden, die dem Patientengut der DDR nicht angemessen seien. In seiner Stellungnahme dazu schreibt Helm, daß diese Methode doch eine echte Alternative zu dem spekulativ-idealistischen Ideengehalt der Psychoanalyse darstelle, mit der Unterstellung, daß diese in der Gruppentherapie herumspuke. Beide Kontrahenten argumentierten also politisch-ideologisch, um sich im Machtkampf der Therapierichtungen zu behaupten, mit einem gewissen denunziatorischen Einschlag. Die Ideologie wird benutzt als Mittel der Auseinandersetzung, obwohl meines Wissens beide nicht dieser Ideologie anhingen.

Aber es wurde natürlich auf den Kongressen und anderswo auch fachlich argumentiert. Ich erinnere mich noch gut an einen Abend mit Gundel und Christoph Seidler[5] in der Berliner Eckkneipe »Metzer Eck«, an dem Christoph und ich uns fast die ganze Zeit anbrüllten im Schulenstreit zwischen Gesprächspsychotherapie und Gruppendynamik. An unsere Argumente von damals erinnere ich mich nicht mehr genau, eines von mir war bestimmt die Kritik an der Arbeit nur in Gruppen und die Vernachlässigung der Einzeltherapie. Während Christoph uns vorwarf, »nur Händchen zu halten«.

Die eigentliche Probe für die Wirksamkeit einer Therapie aber begann in der Praxis. Von der Selbstaktualisierung zum Unbewußten heißt mein Thema, und dieser Weg begann für mich mit dem

---

[4] Szewczyk, Hans, in dieser Zeit Dozent für Medizinische Psychologie an der Nervenklinik der Humboldt-Universität zu Berlin (Charite´)

[5] Seidler, Gundel, zu dieser Zeit Sozio- und Musiktherapeutin am Fachkrankenhaus für Neurologie/Psychiatrie Berlin-Lichtenberg/Seidler, Christoph: Dr.med., zu dieser Zeit Arzt und Psychotherapeut am Institut für Neurosenforschung und Psychotherapie Berlin (Haus der Gesundheit), heute Psychoanalytiker in eigener Praxis und Vorsitzender der Arbeitsgemeinschaft für Psychoanalyse und Psychotherapie Berlin (A. P. B.)

ersten Arbeitstag nach dem Studium, in der Psychiatrie im Fachkrankenhaus in Berlin-Lichtenberg.

In der Arbeit mit Patienten auf einer offenen sozialpsychiatrischen Station wurde ich mit Phänomenen konfrontiert, für die ich mit meiner GT-Ausbildung nicht einmal einen Namen hatte.

Das Unbewußte, daß bei Carl Rogers als Schüler von Otto Rank immerhin noch als eine zu beachtende Größe eine Rolle spielt, wurde in der GT der DDR auf eine sehr verklauselierte Art zerlegt und dabei irgendwie zum Verschwinden gebracht. Ich zitiere aus dem Buch »Gesprächspsychotherapie«: »So wird man zweckmäßig zwischen unbewußten Bedingungen der Wahrnehmungsorganisation und unbewußten Anteilen der Verhaltensmotivation unterscheiden.« (Helm, 1978, S. 38) »Was bisher an Datenzusammenhängen über unbewußte Prozesse vorliegt, ist zu bescheiden, um die Bezeichnung ›Theorie unbewußter Verhaltensregulation‹ zu verdienen.« Hier wieder die Bezugnahme auf harte Daten. Und Helm führt dann sogar eine Auseinandersetzung mit Rogers, der eine zunehmende Offenheit der Klienten gegenüber ihren unbewußten Gefühlen während des therapeutischen Prozesses postuliert hatte: »Eine realistischere, weil durch Beobachtung überhaupt erst einmal zugängliche Auffassung bestünde darin, daß während des therapeutischen Prozesses der Patient auf Grund zunehmender kognitiver Differenzierung seiner Person- und Umweltwahrnehmung mit immer größerer emotionaler Differenziertheit und Ansprechbarkeit reagiert.« (ebenda) Hier wurden die kognitiven Prozesse und die reine Rationalität bemüht, so daß vom Unbewußten nichts mehr übrig blieb.

Das führte folgerichtig auch zu einer Leugnung von Übertragung und Gegenübertragung in der therapeutischen Beziehung: »Es gehört aber zu den Ergebnissen der empirischen Erforschung psychotherapeutischer Prozesse, daß der Aufbau emotionaler Abhängigkeiten in der psychotherapeutischen Situation den Behandlungsprozeß eher behindern als fördern kann, zumal dadurch die Autonomie und das Potential zur Selbstklärung des Patienten gehemmt werden.« (Helm, 1978, S. 32)

Es blieb also nicht aus, daß ich mich für meine Arbeit nach etwas anderem umsehen mußte, weil mir das Unbewußte in der Arbeit mit psychotischen Patienten jeden Tag ins Gesicht sprang.

In der Zusammenarbeit mit KollegInnen, denen es ähnlich erging, lasen wir psychologische und psychoanalytische Literatur aller Art (meist irgendwie aus dem Westen besorgt) und führten endlose Diskussionen. Ich denke, wir haben uns vieles mit viel Mühsal autodidaktisch erarbeitet, mit vielen Fehlern und Umwegen zu begreifen gelernt.

Die nächste Stufe in meiner Entfernung zur klient-zentrierten Gesprächspsychotherapie war meine Arbeit in den Ausbildungsgruppen, wo ich eine Zeit lang mit dem Wismarer Psychologen Franz Jäkel zusammen als GT-Ausbilderin »die Grundvariablen« vermittelte. Der sich in diesen Gruppen entfaltenden Dynamik standen wir anfangs recht hilflos gegenüber. So gingen wir beide den Weg in die Selbsterfahrungsgruppen der intendiert-dynamischen Gruppentherapie – ins feindliche Lager, wie die GT-Leute meinten, die uns aber weiterhin duldeten und uns auch weiter arbeiten ließen, als wir schon lange nicht mehr nur GT vermittelten. Und wir haben uns in der Ausbildergruppe auch direkt auseinandergesetzt. Dann aber schon nicht mehr mit Johannes Helm, weil dieser sich ab 1986 aus der Arbeit zurückzog: Gesundheitliche Gründe und die immerwährende Mißachtung seiner Arbeit führten zum völligen Rückzug aus dieser Arbeit. Er ging aufs Land und malte.

Ich teilte und teile nicht die große Begeisterung an den Selbsterfahrungsgruppen, aber sie haben mir grundsätzliche Einsichten in Gruppendynamik und unbewußte Prozesse vermittelt. Von diesen Gruppen und meinen eigenen Einsichten aus der täglichen Arbeit den Weg zur Psychoanalyse zu finden, war dann fast folgerichtig.

Der klient-zentrierten Gesprächspsychotherapie verdanke ich, daß ich gelernt habe zuzuhören, den Selbsterfahrungsgruppen die

Erfahrung, daß in der Therapie noch andere als rationale Kräfte am Werk sind. In der Analyse aber erlebte ich, wie sich in dieser besonderen Beziehung eine ungeahnte Freiheit entfalten kann. Und ich konnte am eigenen Leib die Wahrheit des Spruches erfahren, den mein nicht mit Psychoanalyse befaßter Mann manchmal sagt: »Das Unbewußte ist groß und mächtig.«

Literatur

Ash, M. G. (1997): Kurt Gottschaldt und die psychologische Forschung im Nationalsozialismus, der SBZ und der DDR – Konstruierte Kontinuitäten. Bisher unveröffentlichtes Manuskript.

Busse, S. (1996): Psychologie im Real-Sozialismus. Pfaffenweiler (Centaurus-Verlagsgesellschaft).

Helm, J. (1978): Gesprächspsychotherapie. Berlin (VEB Deutscher Verlag der Wissenschaften).

Kein geschützter Raum

Annette Simon

Lassen Sie mich mit dem Ende eines Gedichts beginnen:

Wenn die Träumer aufmarschieren,
ihre Träume auszuführen,
dann ist nichts verschlafen worden und versäumt.
Wer im Traum die Erde wandelt
und im Wachsein danach handelt,
der hat gut geträumt
und der ist unser Freund.

Das sind die letzten Zeilen des Liedes »Der Song von den Träumern« von Louis Fürnberg. (Böhm, 1963, S.64) Fürnberg, der auch der Dichter der Zeilen »Die Partei, die Partei, die hat immer recht« ist, hat von 1954 bis 1957 hier in Weimar gelebt. Er ist fast auf den Tag genau vor 42 Jahren im Juni 1957 im Alter von 48 Jahren in Weimar gestorben.

Warum beginne ich damit? Man kann in Weimar nur schwer sprechen, ohne sich mit diesem ungeheuer geschichtsträchtigen Ort in eine Beziehung zu setzen. Für mich ist Weimar untrennbar mit Fürnberg und seiner Familie verbunden, weil meine Eltern mit dieser Familie befreundet waren und wir sie auch nach dem frühen Tod des Familienvaters des öfteren besuchten. Das Lied von den Träumern, das mich sehr beeindruckte, sangen meine Eltern bei unseren Singestunden am Sonntag-Morgen im Bett. Dieses Lied von der unmittelbaren Umsetzung des Unbewußten in die Tat läßt die Frage offen, was man mit den Alpträumen macht.

Louis Fürnberg hat es 1937 geschrieben, als er als jüdischer Fabrikantensohn schon seit 1927 der Kommunistischen Partei seiner Heimat Tschechoslowakei angehörte. Ein sensibler, jüdischer Intellektueller aus Mähren, mit Deutsch als Muttersprache, der Rainer Maria Rilke verehrte, der wollte, daß die guten Träume von einer besseren Welt siegen mögen, kurz bevor sein Land von den deutschen Nationalsozialisten annektiert wurde. Fürnberg wurde dort 1939 sofort verhaftet und mißhandelt, konnte aber nach Italien und später Israel entkommen. Fürnbergs Vater und Stiefmutter wurden in Auschwitz ermordet, sein Stiefbruder Walter starb in Weimar im KZ Buchenwald.

1950, im gleichen Jahr, in dem Fürnberg das Loblied auf die Partei schrieb, verfaßte er auch das Gedicht »Epilog« (Böhm 1953, S.189). Es endet mit dem Vierzeiler:

Wenn ich einmal heimgeh,
dorthin, woher ich kam,
werde ich ein Fremder sein
an meinem Ursprung.

Er meinte sich von seiner Herkunft so weit entfernt zu haben, daß er ihr ganz entfremdet sei, und die Trauer darüber ist deutlich zu spüren. Fühlte er sich auch von seinen guten Träumen entfremdet? 1952 wäre er um ein Haar in die in Prag inszenierten Schauprozesse um Rudolf Slansky verwickelt worden, die eindeutig auch antisemitisch ausgerichtet waren. Er konnte sich durch seine Übersiedlung nach Deutschland, dank der Hilfe seiner deutschen Genossen retten. Vielleicht fühlte er sich dann auch fremd in Weimar, mitten in Deutschland, unter den Menschen, die den Mord an seiner Familie zumindest in Kauf genommen hatten. Nur in der kommunistischen Partei fühlte er Zugehörigkeit, die er dann so absurd betonen mußte. Er starb relativ kurz nach den Enthüllungen des 20. Parteitages der KPdSU in seinem Haus in der Rainer-Maria-Rilke-Straße.

Ich spreche auch über ihn, weil er mir exemplarisch scheint für die Widersprüchlichkeit und Gebrochenheit der Intellektuellen, die, aus der Emigration kommend, sich für die DDR entschieden und sie intellektuell und moralisch prägten. Sie prägten meine Eltern, meine Lehrer und mich selbst – bis in die Art, wie man zu träumen hätte.

In einem ganz anderen Punkt als Fürnberg meinte, waren diese Intellektuellen fremd an ihrem Ursprung, Fremde im eigenen Land. Sie hatten ihr Land verlassen müssen, waren Vertriebene, die – wie auch Brecht und Anna Sehgers – nach 1945 verstehbarerweise meinten, nur über eine Art Erziehungsdiktatur den nationalsozialistischen Geist aus den Deutschen treiben zu können.

Ich wurde in diese Erziehungsdiktatur hineingeboren, die ohne den ihr vorausgehenden Nationalsozialismus nicht verstehbar ist. Ich habe mich mit ihr zunächst voll identifizert, dann an ihr zunehmend gerieben, um mich allmählich von ihr zu lösen. Um so mehr ich mich löste, um so fremder fühlte ich mich in der DDR.

Zu diesem Vortrag wurde ich eingeladen, weil die Einladenden meinten, daß ich, obwohl ich Teil der DDR-Therapieszene gewesen sei, doch immer fremd gewesen sei in ihr, ihr etwas distanziert gegenübergestanden hätte und daß man darüber etwas von mir hören wolle.

Ich möchte meinen Vortrag daher dem Thema widmen: Warum wurde ich fremd in dem von mir gewählten Berufsfeld? Im Hinblick auf das Thema »Eigenes und Fremdes« will ich darüber sprechen, wie die Psychotherapie der DDR m. E. die gesellschaftliche Realität der DDR widerspiegelte. Zum Schluß will ich etwas sagen über meine Fremdheit jetzt, in der Therapieszene des vereinigten Deutschland.

Ich habe auch Angst, und dies nicht als Attitüde, darüber heute so offen zu Ihnen zu sprechen, weil ich nicht den gängigen Abwertungen der DDR-Psychotherapie das Wort reden möchte, die z. B. beinhalten, daß die etwas ältere Generation von DDR-Therapeuten durch ihre Prägungen für etwas so Hehres wie die Psychoanalyse für immer verloren sei. Ich verspüre auch keine große Lust, von den ehemaligen DDR-Therapeuten als Nestbeschmutzerin beschimpft zu werden.

Wie Sie sehen, funktioniert das Lagerdenken noch, weil auch handfeste materielle und Machtinteressen dahinter stehen. Dabei wird dieses Lagerdenken weder der Differenziertheit noch den Differenzen in Ost und West gerecht. Wir sind keine homogene Gruppe von OsttherapeutInnen – wir sind schon vor 1989 verschiedener Meinung gewesen, konnten dies aber – wie auch den Generationenkonflikt- immer nur unter der Decke, nicht öffentlich austragen. Nach 1989 waren wir existentiell mit ganz anderen Dingen beschäftigt.

Ich möchte hier konsequent nur von meinen eigenen Erfahrungen und Erinnerungen sprechen und ich weiß, daß es auch ganz andere Erinnerungen gibt. Da es zu DDR-Zeiten nie einen öffentlichen Diskurs gab, merken wir erst jetzt so richtig, in welch unterschiedlichen Welten wir auch im Osten gelebt haben. Begleiten Sie mich bitte auf meiner Erinnerungsreise in die DDR-Psychotherapie unter der Überschrift: Schwierigkeiten mit der DDR bringen Schwierigkeiten mit der in ihr etablierten Psychotherapie.

Mein Wunsch, im Jahr 1970 Psychologie zu studieren, war noch stark geprägt von den Ereignissen des Prager Frühlings 1968 und den Erlebnissen um den Einmarsch der Warschauer Paktstaaten in die ČSSR, sowie von den nachfolgenden Repressionen auch in der DDR. Nachdem ich fast von der Schule geflogen wäre und mehrere Verhöre bei Polizei und Staatssicherheit hinter mir hatte, wurde mein damaliger Freund nach kurzer Untersuchungshaft vom Mathematikstudium exmatrikuliert, nur weil er das tschechische Manifest der 2000 Worte bei sich geführt hatte. Ich war 18 Jahre alt und die Frage stand, wie ich in diesem Land leben sollte, aus dem man ja auch nicht einfach heraus konnte und in dem ich leben und bleiben wollte, weil ich wie Linke in Ost und West an die sozialistische Utopie glaubte. »Denn in diesem Alter schon mit den Verhältnissen, den eigenen Hoffnungen abzuschließen, ist kaum möglich.« – finde ich bei Wolfgang Engler. (Engler, 1999, S.151)

Meine Entscheidung für das Psychologiestudium war außer durch starke innerpsychische Motive auch dadurch begründet, daß ich mir die Arbeit an dem Leid des einzelnen als eine Möglichkeit des Wirkens in diesem Land vorstellen konnte. Ich hatte die Überzeugung, daß das Individuum in seiner Selbstverwirklichung zu unterstützen sei und daß aus der Summe dieser sich selbst verwirklichenden Individuen eine andere gesellschaftliche Realität wachsen würde. Dieses etwas nebulöse private Weltbild war meine Art der Kompromißbildung. Ich paßte mich zwar an – und da wurden mir im Psychologiestudium einige Verrenkungen abgenötigt –, aber ich paßte mich an, um zu verändern, um dann nicht-konform, sozusagen subversiv wirksam werden zu können. Dies sollte sich dann im Beruf teilweise auch bewahrheiten. Aber man stelle sich die schwierigen Übertragungs- und Gegenübertragungssituationen vor, wenn die Therapeutin die Patienten auch zur Bewältigung ihres gesellschaftlichen Leidensdruckes braucht. Ich erinnere mich an klammheimliche Verbrüderungen mit Patienten gegen die mächtigen Verhältnisse, in denen sich die projektiven Identifizierungen sozusagen überkreuzten und therapeutisch gar nichts bewirkt wurde. Oder ich erinnere mich an den psychotischen Patienten, der in seiner Psychose versucht hatte, die Mauer zu überklettern. Das brachte ihm ein Jahr in der Gerichtspsychiatrie ein, bevor er in der Ambulanz meines Krankenhauses betreut wurde. Ich sah durchaus seine schwere Störung, aber ich sah ihn auch als ein Opfer der Verhältnisse und konnte – auch auf Grund meiner noch mangelhaften Ausbildung – gar nicht nachvollziehen, daß er in mir eine weitere Vollstreckungsbeamtin sah. Mich wunderte nur seine anhaltende Feindseligkeit mir gegenüber.

Von heute aus denke ich, daß wir in einem so ideologisierten und auf Loyalität seiner Bürger ausgerichteten Staat, m.E. keine Therapie machen konnten, die nicht in irgendeiner Weise hätte Stellung beziehen müssen zu dieser Ideologie und der hinter ihr stehenden Macht. Aber wenn man diese Stellung direkt oder indirekt bezog, war man unweigerlich nicht mehr mit dem innerpsychischen Geschehen und der therapeutischen Beziehung beschäftigt, verletzte die therapeutische Abstinenz, machte die Auflösung politischer Projektionen unmöglich und war von einer psychoanalytischen

Arbeit weit entfernt. Bernard Kamm, einer der wenigen deutschen nichtjüdischen Analytiker, der 1935 emigrierte, hat dies für mich in einem Brief an Regine Lockot im Jahr 1980 auf den Punkt gebracht: »Wenn nun die Umwelt in der die Analyse unternommen werden soll, allzu sehr der Strenge der ursprünglich drohenden Umwelt nahekommt... dann ist es für den armen Analysanden unmöglich, die befreiende Entdeckung zu machen, daß die ursprünglichen Drohungen ihre Macht verloren haben ... Ein Analytiker würde sich selbst und seinen Analysanden täuschen und gefährden, wenn er so tun würde, als ob jetzt alles frei durchdacht und frei erörtert werden könnte.« (Brecht, u. a. 1985, S.164) Hier haben sie auch gleich die Begründung, warum es, wie ich meine, in der DDR keine Psychoanalyse geben konnte, so sehr sich manche ihr auch zu nähern versuchten oder sich in Lektüre und heißen Diskussionen mit ihr beschäftigten. Die Aufforderung zur freien Assoziation, die ja so auch nicht ergangen ist, hätte eine Gefahr dargestellt. Es ging dabei nicht um Leben und Tod wie im Nationalsozialismus, aber bei manchen Patienten konnte es, wie bei dem oben Erwähnten, schon existentiell bedrohlich werden. Auch wenn die DDR zum Schluß als eine moderate Diktatur erschien, hatte sie doch immer einen paranoiden Kern und man fiel sofort aus ihren schützenden Strukturen und bekam ihren strafenden Apparat zu spüren, wenn man wirklich und öffentlich die Loyalität zu ihr aufkündigte – im Privaten konnte man dies jeder Zeit tun, aber auf keinen Fall öffentlich. Dies haben übrigens auch Therapeuten zu spüren bekommen, wie unser Kollege Jürgen Fuchs, der vor kurzem in Folge bis heute nicht geklärter Umstände viel zu jung gestorben ist. Er hatte sich 1976 öffentlich – und das bedeutete Westöffentlichkeit – gegen die Ausweisung von Wolf Biermann ausgesprochen, und das bedeutete für ihn Berufsverbot und Haft. Jedem DDR-Menschen war klar, wo er wie sprechen konnte, wenn er sich nicht gefährden wollte.

Die Frage ist nun, wie ein Patient die therapeutische Situation in der DDR erlebte – als öffentlich oder als privat ? Wenn als öffentlich, ist mancher gar nicht erst zur Therapie gegangen, wie mir viele Patienten nach der Wende sagten, oder er hat bestimmte Themen nicht angesprochen. Wenn er die Therapiesituation als privat erlebte, haben wir ihn getäuscht. Weder ist Therapie eine nur private Angelegenheit, noch konnten wir ihn so weit schützen, daß wirklich nichts nach außen gedrungen wäre. Bekanntlich gab es IMs unter unseren Kollegen, und die Staatssicherheit kam auch an die Krankenakten heran, wenn sie dies wollte. Sie wollte dies nur sehr selten, aber mit dem Faktum an sich war der geschützte Therapieraum für alle eine Fiktion. Ob dies von uns in nicht-strukturierten Settings wie in der Gruppe oder auch in der von Empathie getragenen Atmosphäre der GT genügend durchdacht war, stelle ich in Frage. Der blinde Fleck der DDR-Psychotherapie war genau diese Annahme, daß man im Therapiezimmer frei reden und die gesellschaftliche Realität dabei sozusagen überfliegen könne. Wir haben damit eine Situation kreiert, in der sich manche Patienten in eine Doppelbindung verstrickt fühlen mußten oder eben Teile ihres Erlebens bewußt und unbewußt wegließen.

Ich habe dies auch am eigenen Leib in der umgekehrten Situation erfahren: als Quasi-Patientin, als Mitglied einer Selbsterfahrungsgruppe. Ich weiß genau, daß ich sie damals zumindest als halböffentlich wahrgenommen habe, und mir war klar, daß ich über politische Konflikte dort nicht sprechen würde und könnte, schon um die Gruppenleiter zu schützen. Ich wußte sehr gut, unter welchen Schwierigkeiten eine solche Selbsterfahrung überhaupt in der DDR installiert werden konnte. Aber es sollte ja auch um die ganz persönlichen Konflikte gehen, um eine Erfahrung in der Gruppe,« da wäre Politisches ja nur Abwehr«. So kam es, daß ich eine Gruppe erlebte, die dauernd instruiert wurde, nur im Hier-und-Jetzt der Gruppe zu sprechen (wobei man sowohl das Gewordensein des einzelnen als auch seine gerade konkrete Lebenssituation umging) und eine furiose Dynamik durchlebte, in der ich durchaus etwas über mich und über Gruppenprozesse erfahren habe. Nach dem ersten Durchgang herrschte eine Stimmung wie » wir lieben uns doch alle«, die dazu führte, daß ich mich einer Ärztin, die vom Polizeikrankenhaus kam und den Rang eines Majors hatte, ganz nah fühlte, weshalb mein Mann im nachhinein zu Recht an meiner Urteilsfähigkeit zweifelte. » Was hast du ihr um Gottes Willen alles erzählt?« Wie ich erst jetzt von ihr erfahren habe, wurde sie nach der Selbsterfahrung dazu verdonnert, jeden Kontakt zu mir sofort abzubrechen. Ein anderes Gruppenmitglied durchlebte eine kurze psychotische Episode, und wieder ein anderes Gruppenmitglied wurde direkt nach der Gruppe von der Staatssicherheit aufgesucht, an seine in seiner Armeezeit abgegebene Verpflichtungserklärung erinnert und aufgefordert, speziell über mich alles aus der Gruppe zu erzählen. Er sollte den Kontakt zu mir weiter ausbauen, weil er – ohne dies zu wissen – Teil eines Zersetzungsplanes gegen mich und meinen Mann war. Als IM »Sigmund Freud« hat er den Auftrag eine Zeit lang erfüllt und mir im Rahmen seiner Möglichkeiten wirklich geschadet, bevor er sich selbst aus diesem Gespinst lösen konnte. Ich hatte dann noch drei weitere Langgruppensitzungen, an denen er auch teilnahm, und ich wunderte mich die ganze Zeit, warum ich mich dermaßen unfrei und manipuliert fühlte und einfach meine Stimme nicht fand. Manchen meiner Patienten wird es in meinem Therapiezimmer ähnlich ergangen sein, auch wenn die Stasi nicht direkt mit im Zimmer saß.

Ich glaube, in diesem Dilemma steckte die DDR-Psychotherapie fest, ohne es damals reflektieren zu können. Aber eine Ahnung davon streifte uns immer wieder. Die TherapeutInnen in der DDR, die ich schätzte, waren nicht angepaßt, eher von einer bewußten Nicht-Anpassung geprägt. Sie waren aber trotzdem den Regeln dieser eingemauerten Gesellschaft unterworfen wie alle. Wie weit wir das noch wahrnehmen konnten oder wollten, ist die Frage. »Es geht um die Einstellung des Analytikers zur Herrschaft und Gesellschaft, in der er lebt. Je mehr er an der Unbewußtheit, die eine der Voraussetzungen von Herrschaft ist, teilhat, desto enger wird der

Spielraum für seine Aufrichtigkeit werden – er wird lügen und es nicht einmal mehr merken.« (Erdheim, 1983, S.16)

Unsere psychotherapeutischen LehrerInnen steckten im selben Konflikt wie wir und lösten ihn durch Anpassung oder Karriere, Rückzug oder Weggehen. Sie machten diesen Konflikt aber nur selten deutlich und wieder schon gar nicht öffentlich und sie ließen uns so mit dem Konflikt allein. Warum taten sie das? Sie standen mit dem Rücken an der Wand, mußten ständig um die Existenzberechtigung von Psychotherapie überhaupt kämpfen. Und weil wir sie als so bedroht und teilweise ohnmächtig erlebten, hat es eine Generationsauseinandersetzung in der DDR-Psychotherapie nicht gegeben. Ein Beispiel dafür waren auch die Lehrbücher über Psychotherapie, die in der DDR erschienen: Wenn man sich die Mühe macht, diese Bücher noch einmal durchzublättern, muß man nicht nur lächeln oder sich grausen über die angehäuften Vor- und Nachreden zur Entfaltung sozialistischer Persönlichkeiten durch Psychotherapie, sondern man spürt auch den enormen Legitimationsdruck, unter dem die DDR-Psychotherapie stand. Dauernd mußte sie ihre Existenzberechtigung innerhalb des Gemein- und Wirtschaftswesens DDR und innerhalb der DDR-Medizin nachweisen, ihre Effektivität unter Beweis stellen. Das drückt sich in einem Aufwand an statistischer Forschung aus, der den eigentlichen Gegenstand, den erkrankten Menschen, seinen Behandler und ihre Beziehung fast vollständig zum Verschwinden bringt. Man gewinnt bei dieser Lektüre kein Bild von den Begegnungen, die wirklich stattfanden, von deren Existenz alle, die in der DDR ernsthaft gearbeitet haben, wissen.

Wenn man Psychotherapie auch mit der Arbeit am Unbewußten des einzelnen und seines Behandlers verbindet, kann man in diesen Büchern studieren, wie durch die übergeordnete Frage der Effektivität sowohl der einzelne als auch das Unbewußte in einem nichtssagenden statistischen Brei verschwinden. Dies sei auch zu den modernen Rufern nach immer mehr Effektivitätsforschung gesagt. Man sollte auch aus unseren schon gemachten Erfahrungen lernen, damit wir sie nicht ganz umsonst gemacht haben. Etwas drastisch und salopp gesagt: Zu viel Zugriff führt zum Untergang.

Es gibt aber m.E. noch einen anderen Grund für Gefühle von Entfremdung in der DDR und damit auch in ihrer Psychotherapie, den ich erst von heute aus benennen und sehen kann: Wir haben mit unseren Eltern und Lehrern den Gründungsmythos der DDR geteilt, daß es nach dem Krieg einen radikalen Neubeginn gegeben habe. Für mich begann die Geschichte 1945 und ein weiteres Zurückblicken erschien nicht nötig, weil diese DDR mit ihren Gründungsvätern dem Antifaschismus verschrieben war und sich damit in der Stunde Null am eigenen Zopf aus dem Sumpf gezogen und eben ganz neu angefangen habe. Wir haben an die ältere Generation nicht die Frage der 68er gestellt: Was habt ihr vor 1945 gemacht? Die Linien, die auch uns mit der Vergangenheit verbanden, glaubten wir durchtrennt. Wie fatal das war, habe ich erst in den letzten Jahren begriffen. Dazu erzählte mir kürzlich Dr. Herbert Loos, einer der wenigen, der sich lange vor 1989 mit der Psychiatriegeschichte beschäftigt hat, eine erhellende Episode: Nach einer medizinhistorischen Tagung fuhr er mit zwei weiteren Kollegen des Krankenhauses für Psychiatrie Berlin-Lichtenberg nach Hause, und sie diskutierten die T4-Aktionen und daß man diese unbedingt genauer erforschen müsse. Keiner kam auf die Idee, auch er – als geschichtsinteressierter Mensch, nicht – dazu einfach in die alten Akten des eigenen Krankenhauses zu sehen, die im Kellerarchiv lagerten. Auseinandersetzung mit dem Nationalsozialismus hat in der DDR wirklich stattgefunden, aber oft nur abstrakt und theoretisch und nicht ganz konkret und unmittelbar. Ich hätte schon vorher wissen können, daß der Vater der DDR-Psychologie an der Humboldt-Universität, Kurt Gottschaldt, in der Nazizeit Leiter der erbpsychologischen Abteilung am Kaiser-Wilhelm-Institut war und daß auch aus meinem Krankenhaus die Transporte zur Euthanasie nach Meseritz-Obrawalde abgegangen waren.

Diese nationalsozialistische Vergangenheit ist eine gemeinsame für die Psychotherapie in Ost und West, und ihre Spuren sind auch bis heute in uns zu finden. Nach der Vereinigung standen wir Ostler einer ausdifferenzierten westdeutschen Psychotherapieszene gegenüber, in der ich mich zusammen mit anderen aus langjähriger Neigung und aus Interesse für die Psychoanalyse entschieden habe. Wir ostdeutschen Freunde der Analyse kamen in eine Situation, in der die von uns idealisierte Psychoanalyse etabliert und gespalten war, in die Deutsche Psychoanalytische Vereinigung (DPV) und die deutsche Psychoanalytische Gesellschaft (DPG). Es hat eine Weile gedauert, bis ich die Geschichte dieser Spaltung in Beziehung setzen konnte zur deutschen Geschichte und mir dann die Hierarchie und die Entwertungen, die hin und her liefen, erklären konnte.

Wir waren erst einmal ganz natürlich fremd, auf den Kongressen kannte man, in Gegensatz zu DDR-Zeiten, als fast jeder jeden kannte, fast niemanden. Das erste Mal wähnte ich mich zunächst auf der falschen Veranstaltung, als ich die in ihrer ausgefeilten Individualität so gleich und konform aussehenden Analytiker den Tagungsräumen zustreben sah. Inzwischen ist mir vieles vertrauter, trotzdem frage ich mich auf manchen Kongressen, anders als bei den sehr erfrischenden privaten Begegnungen, aber eben auf den Kongressen, wieviel Wahrnehmung es für die eigene Etabliertheit gibt. Wieviel Platz haben persönliche Tragik und Anderssein, wieviel auch das Scheitern in der etablierten Analyse? Mir klingen noch die Diagnosen über Jürgen Fuchs von lieben Kollegen im Ohr oder die hochmütige, fast kleinbürgerliche Pathologisierung moderner bildender Kunst in einer Arbeitsgruppe. Wie Reimut Reiche treffend bemerkte, scheint sich mancher psychoanalytische Diskurs noch »immer in Relation zur Anpassung, an egal welche, Realität« zu bewegen, »an einem äußeren Ideal des guten Lebens« (Reiche, 1999, S.588) Arbeitsfähig, liebesfähig, symptomfrei. Was bedeutet das aber, wenn viele keine Arbeit haben, Beziehungen im Internet stattfinden und nur die Symptome es noch sind, die das Unbewußte zur Sprache bringen dürfen?

Wir ostdeutschen Psychoanalytiker, die wir in den Genuß von guten, uns entgegenkommenden Übergangsregeln gekommen sind und uns einer Lehranalyse unterzogen haben, teilweise in einem Alter, in dem wir an einem westdeutschen Ausbildunginstitut nicht mehr zur Ausbildung zugelassen worden wären, bilden nun die dritte und in der Hierarchie letzte Gruppe in der deutschen Analyse. DPV und DPG sind auf dem Weg der Annäherung. Wir sind auf dem schwierigen Weg der eigenen Identitätsfindung, und die kann m. E. nicht nur darin bestehen, in einer der beiden Westgruppen aufzugehen. Wir haben eben eine andere Geschichte, und wir müssen uns mit ihr auch noch etwas länger befassen, sonst kämen wir wie Louis Fürnberg in die Gefahr, Fremde an unserem Ursprung zu werden. Mit einem Aufgehen in der westdeutschen Analyse würden wir unsere Vergangenheit ein für allemal abschütteln, aber auch aufgeben. Aber wo kann unser Standort sein? Einige ostdeutsche Analytiker, besonders in Halle, haben sich für die Trotz- und Schutz-Burg entschieden, also für die Abgrenzung und einen eigenen ostdeutschen Weg, ich denke, auch mit zu viel nachträglicher Verklärung der DDR-Psychotherapie. Andere versuchen völlig in den westdeutschen Fachgesellschaften aufzugehen und alle Weihen zu durchlaufen.

Es ist natürlich schwer, den Entwertungen, die uns gegenüber stattfinden, zu widerstehen. Und ich denke, daß an uns jetzt manchmal etwas weitergegeben wird, was die Westanalytiker an sich erleben mußten – zum Beispiel in der Internationalen Vereinigung. »In England mußte ich auch begreifen, daß ich nichts weiß«, sagt ein westdeutscher Supervisor uns Ostdeutschen. Gewiß, wir haben etwas zu lernen, und das liegt auf der Hand. Es ist aber kein Grund, uns zu beschämen. Denn wir haben dieses Lernen freiwillig gewählt, und einige von uns haben 1989 in der friedlichen Revolution und auch vorher einiges dafür getan und auch riskiert. Nur mit unserer Mitwirkung konnten die Voraussetzungen für dieses Lernen überhaupt entstehen. Dies wird, glaube ich, immer wieder bei den heutigen Bewertungen vergessen: Wir wurden nicht von außen befreit wie die deutschen Analytiker nach 1945 – und das ist ein ganz entscheidender Unterschied. Einige, wenn auch nicht alle DDR-Therapeuten haben an der Selbstbefreiung der DDR auch durch ihr Weggehen oder ihre politischen Aktivitäten mitgewirkt. Und wir wissen auch einiges, z. B. wie unheilvoll es sein kann, wenn sich so sensible Prozesse wie Regression und das Erzählen von Träumen mit realen Abhängigkeiten und Machtinteressen vermischen. Diese Doppelbindung, die in der analytischen Ausbildung bisher leider systemimmanent ist und ja auch ständig kritisiert wird, kennen wir zur Genüge. (Es kann nicht klappen mit dem Aufmarschieren der Träume.)

Die Frage ist, ob wir ostdeutschen Analytiker – klein an der Zahl und noch am Anfang – ob wir es schaffen werden, auch noch unsere eigene Stimme in ganzer Klarheit zu finden und zu behaupten. Ohne weitere auch schmerzhafte Rückblicke wird dies m. E. nicht gelingen. Werden wir es schaffen, etwas von der Freiheit, die wir uns in der Zeit nach 1989 erobert hatten und auch in unseren eben nicht an Ausbildungsinstitute gebundenen Lehranalysen erleben konnten, an unsere AusbildungskandidatInnen weiterzugeben? Oder werden wir alte Verstrickungen und unsere jetzt auch neu empfangenen Verletzungen weitergeben? Um dem Letztgenannten und neuer Entfremdung zu entgehen, würde ich es gern mit meinem ostdeutschen Lieblingsdichter Bert Papenfuß halten: »was man angefangen hat, muß man auch verändern.« (Papenfuß, 1988, S.153)

Literatur

Böhm, H. (Hrsg.) (1963): Fürnberg – Ein Lesebuch für unsere Zeit. Weimar (Volksverlag).
Brecht, K. u. a. (Hrsg.) (1985): Hier geht das Leben auf eine sehr merkwürdige Weise weiter... Katalog zur Ausstellung. Hamburg (Verlag Michael Kellner).
Engler, W. (1999): Die Ostdeutschen. Berlin (Aufbau-Verlag).
Erdheim, M. (1983): Über das Lügen und die Unaufrichtigkeit des Psychoanalytikers. In: Lohmann, Hans-Martin (Hrsg.) (1983): Das Unbehagen in der Psychoanalyse. Frankfurt am Main und Paris (Quumran Verlag).
Papenfuß-Gorek, B. (1988): dreizehntanz. Berlin und Weimar (Aufbau-Verlag).
Reiche, R. (1999): Subjekt, Patient, Außenwelt. In: Psyche Nr. 6/1999, Stuttgart (Klett-Cotta).
Wolfram, K. (1996): Zur Geschichte des guten Willens. In Sklaven: Nr. 25, S. 3-5.

Wieviel Engagement verträgt die Kunst

Jan Faktor

In Ostdeutschland kam in den Künstlerkreisen nach 1989 ein teilweise überraschender Politisierungsprozeß in Gang; oder anders gesagt: Das Involviertsein in der Politik bekam für viele, die schon immer im Rahmen der vorhandenen Möglichkeiten politisch lebten, eine neue Qualität. Aus Enttäuschung und Kränkung sind nicht nur viele der offiziell publizierenden Autoren, die sich vor allem wegen ihres extrem sinkenden Gewichts in der Gesellschaft nach der Wende getroffen fühlten, politisch aktiver und offensiver geworden; auch bislang nichtangepaßte, in der Mehrzahl – trotz ihrer Verweigerungshaltung – eher apolitisch orientierte Literaten und Künstler, die sich bis zu diesem Zeitpunkt vorwiegend außerhalb des offiziellen Betriebs bewegten, entdeckten nach der Wende plötzlich mit großer Leidenschaft und Radikalität die Anziehungskraft der Politik. Und politische Inhalte waren es plötzlich auch wert, in ihre eigene Arbeit einzufließen. Manche der individuellen Entwicklungen in beiden oben genannten Lagern lassen sich dabei – natürlich vor dem Hintergrund der persönlichen Geschichte einzelner – nur rein politisch deuten. Ästhetische Kategorien kann man hier ohne weiteres beiseite lassen.

Bei meiner ersten Wohnungslesung in Berlin (es war 1981 bei den Bürgerrechtlern Gerd und Ulrike Poppe) hatte ich zwar noch einen (allerdings künstlerisch, denke ich, sehr schwachen) politisch-provokativen Text sowie einen über Raoul Wallenberg[1] dabei – die Konfrontation mit der Staatsmacht habe ich also nicht von vornherein gemieden –, bei den späteren Lesungen konnte ich mich aber

[1] Schwedischer Diplomat in Budapest während des Zweiten Weltkriegs. Rettete Zehntausenden von Juden das Leben, indem er ihnen schwedische Pässe ausstellte. 1945 wurde er vom sowjetischen Geheimdienst verschleppt und starb – nach Zeugenaussagen erst viele Jahre später – in einem sibirischen Straflager.

in bezug auf die eventuell anwesenden Spitzel natürlich viel freier fühlen, weil die politisch problematischen Texte – aus »rein ästhetischen« Gründen, versteht sich – immer weniger wurden. Und Gruppen entwickeln – wie man weiß – gleichzeitig auch einen gewissen Sog und deklarieren gerne Tabus; der flotte Spruch, der am Prenzlauer Berg zum ungeschriebenen Gesetz wurde – »Politik spielt keine Rolle«, hat bei meiner eigenen Abkehr vom politischen Schreiben und Engagieren selbstverständlich einen zusätzlichen Einfluß ausgeübt. Die Folge war leider u. a., daß ich mich meinen Freunden von früher, die eher in der politischen Opposition aktiv waren – also auch Poppes –, in den achtziger Jahren fast völlig entfremdete. »Politik« haben eben andere Leute gemacht, nicht Literaten oder Maler. Damals konnte man das aber noch als einen relativ normalen Fall von Arbeitsteilung sehen und sich die Sache auch mit einem Zwang zur Spezialisierung erklären.

Die Ostberliner Künstlerszene der achtziger Jahre hatte in mancher Hinsicht aber trotzdem etwas Seltsames. Wie gesagt war Politik besonders unter den Literaten am Prenzlauer Berg – als Gesprächsthema und auch als literarischer Stoff – so gut wie tabu. Manche der Vertreter der »reinen Kunst« gingen hier aber noch weiter und wurden in bezug auf diejenigen, die auf der Seite der politisch Engagierten Restriktionen riskiert und Strafen in Kauf genommen haben, unangenehm überheblich. Auch die Arroganz Schriftstellern wie Jürgen Fuchs oder Lutz Rathenow gegenüber war und ist furchtbar ungerecht. Als ich kurz nach der Wende – ich hatte mich von meiner alten Fraktion noch nicht ganz verabschiedet – eine Diskussion gegen die oft rein politisch motivierte Produktion von Rathenow lostreten wollte und u. a. Lothar Trolle[2] bat, sich zu dem Thema schriftlich zu äußern, lehnte er mit der Begründung ab, Rathenow habe zu DDR-Zeiten durch seine integrativen Aktivitäten und durch

[2] Ein bekannter Ostberliner Dramatiker, der sich in der DDR eher am Rande des offiziellen kulturellen Lebens bewegte.

Kontakte zu den Westmedien vielen – auch unbekannten Leuten – in schwierigen Zeiten sehr geholfen. Trolle war eben die falsche Adresse; genauso falsch wie es zum Beispiel auch die ebenfalls von der politischen Realität nicht abgeschotteten (allerdings schon seit etlichen Jahren vor der Wende im Westen lebenden) Schriftsteller Uwe Kolbe oder Bernd Wagner gewesen wären.

Der Politisierungsdrang eines Teils der Szene-Autoren wirkte dann später in der Nachwende-Zeit immer seltsamer. Er sprengte nämlich den Rahmen einer verständlichen und notwendigen Neuorientierung und provozierte neue und etwas irrationale Konflikte. Ich stand bei den Literaten beispielsweise – da ich seit dem Sommer 1989 beim *Neuen Forum* (anschließend dann bei der Zeitung dieser Bewegung) aktiv war – erst einmal plötzlich weit draußen vor der Tür. Daß ich mich dort mit so niederen und amusischen Dingen überhaupt abgab, konnte ihnen natürlich nicht gefallen. Vielleicht hatten sie damit teilweise aber auch schon aus politischen (oder besser: ökonomischen) Gründen gewisse Probleme; vielen dieser Leute wurde einigermaßen schnell klar, daß die Zeiten materiell härter werden würden. Ich wurde wegen meines Engagements – ironisch und nicht wirklich böse, trotzdem aber ernst – im Zusammenhang mit irgendeinem Skandal bei der Treuhand zum Beispiel von dem Schriftsteller Detlef Opitz attackiert: »Das alles haben wir Euch allen vom *Neuen Forum* zu verdanken.«

Beim *Neuen Forum* bin ich dann nicht lange geblieben, weil ich beispielsweise die Forderungen nach der sogenannten Basis-Demokratie furchtbar naiv und für ernsthafte politische Arbeit untauglich fand und mit dem stark ideologisierten (linken) Gedankengut sowieso nicht viel anfangen konnte. Weit nach rechts wie manche der Bürgerrechtler (Siegmar Faust[3] könnte man hier nennen) bin ich auch nicht abgedriftet, obwohl ich dazu als ein desillusionierter

[3] Schriftsteller, Oppositioneller. Wurde zweimal inhaftiert, übersiedelte 1976 nach Westberlin.

tschechischer »68er Antikommunist« die besten Voraussetzungen gehabt hätte.

Ich fiel also plötzlich aus allen – jedenfalls allen politischen – Zusammenhängen heraus. Für das neu aufkommende und immer größer werdende »ostalgische« Sammelbecken war ich auch nicht zu gebrauchen, da ich durch meine Prägungen gegen alle anti-westlichen, anti-kapitalistischen Ressentiments ziemlich immun war. Und als ich mich nach kurzer Zeit in meinem alten Literaten- und Freundeskreisen wieder umsah, hatte sich dort schon eine neue, mir absolut fremde Links-außen-Koalition (links von der PDS ...) herausgebildet und im Prenzlauer Berg um die Zeitschrift »Sklaven« gruppiert. In dieser Koalition schlossen sich linke DDR-Oppositionelle, denen zum Beispiel Bündnis '90/Die Grünen nicht links genug war – stellvertretend sei hier der im *Neuen Forum* bis dahin aktive Klaus Wolfram[4] genannt –, mit einigen inzwischen politisch hochgradig geladenen Schreibern zusammen. Hier war und ist die auffälligste Erscheinung der Dichter Bert Papenfuß.[5]

Der Anreiz, sich als Schriftsteller oder eben Intellektueller politisch zu engagieren, ist heutzutage insbesondere in den neuen Bundesländern groß. Aber nicht nur deshalb, weil endlich die Angst-Barriere verschwunden ist und von der Staatsmacht wegen nichtkonformer Umtriebe kein besonderer Ärger droht. Es ist einerseits wunderbar einfach geworden, schon bei einem minimalen Arbeitsaufwand auf dieser Strecke umgehend Resonanz zu erhalten – und so auch einigermaßen Sinn in diesem Zeitvertreib zu sehen –, andererseits ist die in den DDR-Zeiten vorhandene (und im Text zur Problematik der vier Abspaltungsprozesse bereits angesprochene) Zwiespältigkeit eines solchen Engagements weggefallen.

[4] Soziologe. Zu DDR-Zeiten aktiv in oppositionellen marxistischen Zirkeln. Nachdem seine konspirative Gruppierung durch Denunziation aufflog, mußte er sich zur Strafe jahrelang »in der Produktion bewähren«.

[5] In den letzten Jahren sind seine Gedichtbände bei folgenden Verlagen erscheinen: Steidl, Janus press, Galrev, Basis Druck.

Im Zuge des deutschen Vereinigungsprozesses kommt es nun – ein Beispiel dafür ist die inzwischen etwas in Vergessenheit geratene »Erfurter Erklärung«[6] – zur Bildung neuer Ost-West-Koalitionen und -Allianzen. Hier kommen diverse Menschen zusammen, die auf Grund von Frust, Trauer, Trotz usw. einen gemeinsamer Nenner gefunden haben. Hier koaliert die Ostalgie mit tiefster Unzufriedenheit vieler enttäuschter westdeutscher Linker. Hier mischt sich oft »post-wendige« Desillusionierung bzw. »post-ideologischer« Frust mit politischem oder auch rein privatem Scheitern. Was wir jetzt teilweise erleben, ist eine Art Vereinigung in der nicht-verarbeiteten Trauer. Diese manifestiert sich meist im hektischen Aktivismus und ist als Trauer nicht ganz leicht zu erkennen. Und wenn dann in harmlosen, krisenhaften Spannungssituationen gleich über einen kleinen Volksaufstand phantasiert wird, ist darin deutlich der verdeckte Wunsch nach einer wirklichen, also »besseren« Krise zu spüren, die endlich eine stabilere Grundlage für gemeinsames Handeln bieten würde. Einer gründlichen Verarbeitung der eigenen Vergangenheit steht diese fiebrige Erwartungshaltung bzw. diese Art Aktivismus eindeutig im Wege.

Die Autorin Daniela Dahn,[7] die das Engagiert-Sein fast zu ihrer ausschließlichen Profession gemacht hat und diese schon etwas unsensibel bis schamlos betreibt, möchte ich hier als ein abschreckendes Beispiel kurz umkreisen; ihr starkes, ungewöhnlich glühendes Gefühl für soziale Mißstände und Ungerechtigkeiten sollte man sich unbedingt genauer ansehen. Nämlich: Ihr heutiges Engagement speist sich in erster Linie nicht aus Mitgefühl mit den Schwachen oder Benachteiligten in Ostdeutschland, es speist sich eindeu-

[6] Eine von linken Intellektuellen und Gewerkschaftern ins Leben gerufene Initiative, die sich Ende 1996 – die Wahlen im Jahre 1998 vor Augen – nicht nur für eine andere Politik und mehr soziale Gerechtigkeit aussprach, sondern auch für ein zukünftiges Zusammengehen der linken Kräfte mit der PDS, der Nachfolgeorganisation der SED.

[7] In der jüngsten Vergangenheit wurde ihr Name in den Medien wiederholt genannt, als sie sich 1998 erfolglos um den Richterposten beim Verfassungsgericht in Brandenburg bewarb.

tig aus ihren höchstpersönlich erlittenen Verlusten – und nicht nur Verlusten an Privilegien, die sie genoß. Es sind Verluste ideologischer Art, Verluste des stolzen Bewußtseins, für immer und ewig zu den Gestaltern der Geschichte zu gehören; und zu einer Partei, die auch das Monopol für die »Bekämpfung des Schlimmen« (Dahn, 1996, S. 111) hatte. Es sind, wie gesagt, auch Verluste an Prestige, das man als Schriftsteller – zumal als ein publizierender – in der DDR a priori hatte. Frau Dahn rettet sich heute in eine scheinbare Kontinuität »oppositionellen« Handelns, das aber zu keinem Zeitpunkt ganz stimmig sein konnte; damals nicht und heute nicht. Das Ausmaß ihrer anhaltenden Identifizierung mit der DDR ist teilweise erschreckend – mit Hilfe ihrer heutigen, ganz aktuellen Unzufriedenheit kommt sie in »Westwärts und nicht vergessen« bei der Erwähnung von Internierungslagern sogar ins ironische Schwärmen (Dahn, 1996, S.145). Und sie verrät sich in diesem Buch auf jedem Schritt. Zum Beispiel in Sätzen wie: »Es gab im Grunde keinen einzigen originären Gedanken der Bürgerbewegung, der nicht zuvor schon öffentlich von SED-Mitgliedern geäußert worden war.« (S.108) Oder: »War ich privilegiert, daß ich so urteile? Selbstverständlich. Schriftsteller zu sein ist leider ein Privileg an sich. ... So privilegiert wie heute war ich damals allerdings nicht« (S. 16 f.). Zu den 248 Toten an der Mauer schreibt sie, daß es NUR 0,06 Prozent derer waren, die »aktiv geworden sind, um das Land zu verlassen« (S. 122). Diese Beispiele müßten für eine erste Eischätzung von Daniela Dahn ausreichen.

Ich bin an dieser Stelle aber noch eine kurze Erklärung darüber schuldig, woher mein eigener Affekt in dieser Sache kommt. Dahn diffamiert durch den Mythos, daß sie gerade als ein kritisches SED-Parteimitglied zu einer Art wahrhaftiger, sinnvoller Opposition gehörte, alle anderen Formen des Widerstandes bzw. der Verweigerung. Sie läßt absolut nicht gelten, daß Leute, die an den Sozialismus nicht mehr glaubten, sich eben nicht wie sie in die DDR-Gesellschaft einmischen konnten und wollten. Und sie äußert sich zusätzlich noch hämisch über aktive Bürgerrechtler (S. 109), die – im Gegensatz zu ihr oder auch den apolitischen Literaten wie mir – hohe Gefängnisstrafen riskiert haben.

Mein Kriterium dafür, wie legitim und stimmig ein politisches Engagement in der Kunst – oder eben das Engagement eines Künstlers außerhalb seines eigentlichen Schaffens – ist, läßt sich am sichersten in der menschlichen Qualität dieses Engagements finden; wobei man in diesem Findungsprozeß erst einmal die künstlerischen Qualitäten des Produkts, die Probleme seiner eventuellen Plakativität lieber ausklammern sollte. Ein relativ sicheres Kriterium ist – meiner Meinung nach – im folgenden Fragenkomplex verborgen: Wie begründet – das heißt auch: wie gut begründet – ist das PERSÖNLICHE LEID des Kunstproduzenten am Politischen seiner Zeit. Und begründet bedeutet hier: nicht aufgebauscht, nicht vorgeschoben, nicht nur mehr oder weniger relativ im aktuellen politischen Zeitpanorama; es bedeutet auch, daß dieses Leid als solches benannt wird und sich möglichst nicht vorwiegend aus ganz anderen, zu sehr persönlichen Quellen speist. Mit anderen Worten: Die Situation – und das Schweigen in dieser Situation – muß wirklich so unerträglich sein, daß man dem Aktiv-Gewordenen abnimmt, er kanalisiere nicht in erster Linie seine rein persönliche Verzweiflung mit Hilfe von aktuell vorfindbarem Ärger. Für die Kunst bedeutet dies auch noch, daß der Urheber des engagierten Produkts an diesem Leid gereift und über dieses Leid in seiner Arbeit ein Stück hinausgewachsen ist. In dem Fall wird das Kunstwerk höchstwahrscheinlich wieder an Qualität gewinnen, das ganze Gebilde auch stimmiger, organischer sein; und das Engagiert-Sein ist im Ästhetischen integriert, nicht äußerlich oder aufgepropft.

Daher muß man die Nach-89er-Politisierung mancher ostdeutschen Schriftsteller trotz aller möglichen Fragwürdigkeiten als Phänomen ernst nehmen; natürlich dabei differenzieren, wer seine eigentliche Produktion von politischen Statements oder Artikeln einigermaßen sauber trennt bzw. wie souverän er mit den politischen Inhalten in seinen Arbeiten umgeht; den Dichter Bert Papenfuß möchte ich hier, obwohl er als ein politisch etwas unreifer Alt-Anarchist eine manchmal ziemlich seltsame Figur abgibt, wegen der kontinuierlich erstklassigen Qualität seiner Texte positiv hervorheben. Sein Leid an dem jetzigen Zustand der Gesellschaft muß man ihm einfach glauben, wenn man seine Bücher der letzten Jahre liest.

Bei der Beurteilung der Legitimität von politischer Kunst sollte man vielleicht immer als erstes herauszufinden versuchen, um welches Leid es sich handelt, das den jeweiligen Autor in der konkreten Kreativitätsphase antreibt; man sollte schon versuchen zu klären, wieviel Mitleid oder eventuell Selbstmitleid mit im Spiel ist. Und natürlich muß dabei auch erlaubt sein zu fragen, wie es mit dem politischen Engagement der jeweiligen Künstler früher aussah, wodurch und wann der Umschwung kam, was für eine Entwicklung ihre Politisierung durchmachte.

Über die ältere Schriftsteller-Generation, die in der Nachkriegszeit, meist auch durch ihre Parteimitgliedschaft in das politische Geschehen völlig anders involviert und von diesem geprägt war, wurde an anderer Stelle eingehend berichtet und nachgedacht. Unbedingt erwähnenswert finde ich in dem hier behandelten Zusammenhang aber folgendes: In den achtziger Jahren war in der DDR eine Spannung zwischen einigen Vertretern dieser älteren Generation und den jüngeren »Apolitikern« zu spüren. Stephan Hermlin oder Volker Braun in seinem Rimbaud-Essay (1985) ließen beispielsweise da und dort, auch in Gesprächen, nicht nur ihr Unbehagen über die nachrückenden »Sprachkünstler« erkennen; Hermlin war über diese Abwendung vom Politischen meines Wissens auch zutiefst unglücklich. Auf das Neue in der Dichtung reagierte der so begeisterungsfähige Franz Fühmann zwar ganz anders, die in dieser Richtung weniger extremen Autoren wie Wolfgang Hilbig oder Uwe Kolbe waren ihm aber natürlich viel näher als die anderen. Mit der jüngeren Schriftsteller-Generation haben sich weiterhin nur die uns positiv zugewandten, der älteren Generation zugehörigen Dichter und

Schriftsteller Elke Erb (1981), Gerhard Wolf (1986) und Adolf Endler (1988, 1990) beschäftigt. Von letzterem stammt auch der – später im Zuge der Stasi-Enthüllungen leider so diskreditierte – Begriff der »Prenzlauer-Berg-Connection«.

Ich selbst mußte mich nach 1968 mit dem politischen Engagement von Schriftstellern notgedrungen oft beschäftigen – auch später in den Siebzigern und Achtzigern; einiges habe ich dann in einem Aufsatz (1988) sogar ganz konkret angesprochen, damals leider natürlich auch nur als Verteidiger unserer Sache und nicht als Kritiker. Ansonsten gab es unter meinen schreibenden Freunden so gut wie keine grundsätzliche Diskussion darüber. Zu unserer »Arbeit mit der Sprache« gehörte nämlich eine gewisse, größere Gebiete umfassende Sprachlosigkeit. Ich bin nach der Veröffentlichung eines Angriffs gegen die Szene in der »ariadnefabrik« (Faktor/Simon, 1987) auch aus dem Grund etwas verschreckt gewesen, da ich auf dieses Angebot nur eine einzige, schäumend-wütende Antwort von Schedlinski in der gleichen Nummer seiner Zeitschrift bekam – sonst nur ablehnendes Schweigen; unfreundliche Bemerkungen in meine Richtung zählten im Anschluß daran schon zu den gehaltvolleren Diskussionsbeiträgen.

Für mich war es Anfang der achtziger Jahre, nachdem ich aus meiner nicht ganz reifen Prager Protest-Phase hinausgewachsen war, ganz folgerichtig, in der künstlerischen Arbeit erst einmal konsequent keine politischen Inhalte zu transportieren; es gehörte nach meinem Verständnis zu grundlegenden Voraussetzungen künstlerischer Autonomie. Und dieser Weg bot – auch für mich endlich – sehr produktive ästhetische Alternativen zum offiziellen und gleichgeschalteten Leben im totalitären Staat. Man fand hier eine, denke ich, legitime Antwort auf den DDR-Mief und -Druck. Und ein gewisser »Ästhetizismus« hätte in den achtziger Jahren so oder so kommen müssen, da die plakativ politische Kunst – auch z. B. die so prägende und nachwirkende von Wolf Biermann – künstlerisch zu langweilen begann und sich langsam überlebte. Einen gleichwertigen Ersatz für ihn oder einen frischen Nachwuchs gab es daher aus gutem Grund nicht.

Eine wichtige Stufe der Erkenntnis holte mich persönlich bei der Beschäftigung mit diesem Thema leider erst nach der Wende ein, obwohl ich schon viel früher beim Nachdenken über die Problematik der Vermeidung von politischen Inhalten beim Schreiben gelegentlich auf die Problematik der ANGST gestoßen bin. Ich habe mich dann endlich auch an einige weniger ruhmreiche Gefühle oder Vorfälle erinnert, oder an Momente, an denen ich damals beim Schreiben doch auch mal etwas vorsichtig war und darüber froh, daß ich – dank meiner, der konkreten Realität ziemlich entrückten, experimentellen »Spezialisierung« – nicht so direkt schreiben mußte, wie ein Prosa-Autor es hätte tun müssen. Ich war froh, daß ich dadurch nicht ganz so scharf über die Dinge urteilen mußte, die mich sonst im Leben wütend machten; und daß ich auf diese meine Art und Weise leicht und locker schreiben konnte, ohne zu lügen oder mich dauernd und auch in Grundsatzfragen kontrollieren zu müssen. Meine späte »Entdeckung«, die eigentlich keine war, weil ich sie als Vorwurf der Prenzlauer-Berg-Szene gegenüber oft genug gehört habe, ist folgende: Die apolitische Ästhetik hatte ihren Standort in der verängstigten DDR und stand nicht im luftleeren Raum. Diese Ästhetik war in ihrer Verweigerungshaltung also nicht ganz so autonom, radikal und frei, wie sie intern immer eingestuft worden war. Die in diesen Kreisen sich durchsetzende Ästhetik bedeutete zwar nicht unbedingt den künstlerisch einfacheren Weg, ermöglichte aber objektiv den weniger gefährlichen. Und dieses Moment hat bei der »rein ästhetisch bedingten« Entscheidung für oder gegen ein politisches Engagement unbewußt auch eine Rolle spielen müssen. Anfangs besaß diese Haltung vielleicht ein Mindestmaß an politischer Brisanz. Leider klingt es heute nur wie eine Ausrede, wenn man im Zusammenhang mit der eigenen, in diesen Kreisen verankerten Geschichte zu erzählen versucht, man habe sich einfach von politischen Lasten befreit, man habe keine Lust gehabt, sich auf künstlerisch wenig produktive Auseinandersetzungen mit dem Staat einzulassen, den man als die Verkörperung von Banalität empfand. Es ist eben kein Zufall, daß solche Sprüche wie Ausreden klingen. Von heute aus wirkt dieses Abdriften ins Apolitische mit Recht höchst fragwürdig.

Obwohl der totalitäre Staat in den alternativen Bereichen der Gesellschaft relativ viele Freiheiten zugelassen und damit die kreative Leichtigkeit und innovative Verspieltheit in der Ästhetik natürlich mit ermöglicht hatte, wäre es unsinnig und ungerecht – Wolf Biermann tat es trotzdem (1991, 1992) – zu behaupten, dieser Staat hätte in den achtziger Jahren quasi eine bestimmte Ästhetik hervorgebracht. Die eine Haltung paßte dem Staat einfach weniger als die andere – ohne daß die eine von diesem Staat mehr bestellt worden wäre als die andere. Auch die apolitisch orientierten, alternativen Gruppen waren auf keinen Fall das, was sich die Stasi ausdrücklich gewünscht hätte. In der DDR trafen damals offenbar zwei Tendenzen parallel aufeinander: Die sanftere Taktik des Sicherheitsdienstes (gemäßigte »negative Kräfte« ließ man im allgemeinen eher in Ruhe) und die »politisch sanftere« Tendenz in der Ästhetik. Der Stasi kam dies bei den Versuchen der Spaltung der oppositionellen Strömungen natürlich sehr entgegen.

Als ich im Zusammenhang mit der Enttarnung der Szene-Spitzel im Herbst 1991 und danach gezwungen war, alle greifbaren und belegbaren Informationen und Erinnerungen zusammenzufügen, wurden mir alle diese Dinge noch klarer. Und nach und nach kamen auch andere Stimmen dazu, die meine These stützten. Die Angst hat – und das ist sehr bezeichnend – auch vor prominenteren Schriftstellern, die sich eigentlich hätten viel sicherer als wir fühlen können, nicht halt gemacht. Bestätigt fand ich dies in Adolf Endlers Tagebuchnotizen »Tarzan am Prenzlauer Berg« (1994).

Trotz allem, was die Protagonisten dieser Szene (auch mich) entlastet, steht für mich inzwischen der folgende Vorwurf also ziemlich fest: Unsere apolitische Kunstausrichtung wäre ohne die teilweise kalkulierte, teilweise nicht ganz bewußte Ausklammerung von Angriffsmomenten – also ohne ein gewisses Entgegenkommen der Autoren – nicht so (und nicht so lange) abgeschottet von der Realität geblieben, wäre nicht unbedingt auf Dauer in der beschriebenen, etwas harmlosen Ecke steckengeblieben.

Den »ideologischen« Einfluß der Spitzel möchte ich hier auf keinen Fall verharmlosen.[8] »Unser« Einflußagent Sascha Anderson übte in der sogenannten Szene auf viele eine nicht ganz nachvollziehbare, aber trotzdem nicht zu leugnende Faszination aus. Und alle Gruppen üben zwangsläufig auf ihre Mitglieder einen gewissen Druck zur Anpassung aus. Der Einfluß von Anderson, der in Berlin sehr aktiv war, war auf den verschiedensten Ebenen relativ groß. Er persönlich hat diese Entwicklung, die zur Abspaltung des apolitischen Flügels der alternativen Künstler führte, stark forciert und durch seine Beispielwirkung (bei ihm lief alles reibungslos ab, und es kam nie zu Repressalien) viele geblendet und an seine Person gebunden. Einiges ist durch Aktenfunde zum Glück gut belegt (Böthig/Michael, 1993). Psychologisch gesehen: Anderson hat die unterschwellige, aber doch allgegenwärtige Angst von seinen »Freunden« abgeleitet, geerdet, diese Angst sozusagen neutralisiert. Und noch ein konkretes, bereits angesprochenes Indiz seines Einflusses – vergleichbare Kreise in Leipzig publizierten politisch viel brisantere Artikel als es in der Prenzlauer-Berg-Szene in Berlin möglich gewesen wäre; die Zeitschrift »Anschlag« druckte in Leipzig z. B. Texte von Václav Havel ab. Dort kam es also eindeutig nicht zu einer ähnlichen Abspaltung.

---

[8] Wie stark und zum Teil erfolgreich die Stasi Spannungen und Rivalitäten zwischen einzelnen oppositionellen Gruppen, z. B. im politischen Spektrum durch ihre IMs nutzen und schüren konnte, ist inzwischen gut belegt; einige der für diesen Text Befragten haben das dem Verfasser auch bestätigt. Persönliche Spannungen, Spannungen durch Konkurrenzgefühle oder durch sehr unterschiedliche Vorstellungen von der politischen Arbeit (Spannungen, die es natürlich – unabhängig von der Stasi – auch gab) wurden mit Desinformationen, mit Störungen im Informationsnetz, mit Verdächtigungen und Falschinformationen massiv verstärkt oder (neu) gezündet.

Inzwischen tun sich um mich herum noch weitere Abgründe auf und ich muß mich fragen, wieviel DDR-Treue bzw. -Verbundenheit mit der Ideologie dieses Staates damals in den Leuten um mich herum steckte, ohne daß ich es realisiert hatte; also welche von den heute sichtbaren linksradikalen Haltungen Reaktionen auf die jetzigen Schieflagen der Vereinigung sind und welche in den Leuten – seit deren Jugend vielleicht – immer schon latent vorhanden waren.

Es deutet sich nämlich an: Was mir im Zusammenhang mit der politischen Opposition schon lange vor der Wende auffiel, galt offensichtlich nun auch für die meisten nichtangepaßten, in ihren Arbeiten ansonsten apolitischen Künstler: Die Distanz dieser »Opponenten« zur Staatsführung war aus ideologischen Gründen nicht ganz so groß wie in anderen Staaten des Ostblocks. Meine damaligen Literaten-Freunde sind von den ihnen in die Wiege gelegten kommunistischen Visionen offenbar nie ganz frei gewesen.

In der Kindheit und Jugend wurden wir alle mehr oder weniger ideologisch geprägt. Einige systemkritische junge Kunstmacher kamen aus der Singebewegung, publizierten in der »Armeerundschau« usw. Es kam dann aber darauf an, sich zu bewegen und von einigen Prägungen wegzukommen. Die Erklärung dafür, warum der eine oder andere dies nicht geschafft hat oder sich nach der Wende in dem besagten ideologischen Bannkreis wiederfand, ist – glaube ich – an einem Punkt ziemlich genau festzumachen: Um solche Muster zu verändern, mußte man handfeste Gründe haben bzw. etwas Neues erfahren haben wie zum Beispiel Diskriminierung oder Gefängnis, Überfall einer militärischen Übermacht oder ähnliches. Und es durfte einem materiell nicht zu gut gehen bzw. man durfte sich geistig-ideologisch nicht zu gut aufgehoben fühlen. Für mich steht inzwischen fest: Auch den vielen unangepaßten, offiziell nicht anerkannten und mit dem Schreiben nichts oder fast nichts verdienenden Schriftstellern ging es in der DDR wahrscheinlich NICHT SCHLECHT GENUG; die ganze Zeit, also lange bevor sie von den Privilegien eingeholt (oder heimgesucht) wurden. Auch die Prenzlauer-Berg-Autoren wurden nämlich ab 1988 nach und nach und plötzlich ohne jegliche Einmischung der Zensur publiziert (ich auch – mein erstes Buch erschien im Sommer 1989 beim Aufbau-Verlag in der Reihe »Außer der Reihe«) und konnten ab diesem Zeitpunkt sofort auch in den Westen reisen. Die Differenz zwischen den immer schon offiziell Publizierenden und uns, den anderen, wurde dann gegen Ende der DDR tatsächlich immer kleiner; man wurde immer mehr Teil des Systems.[9] Mit der Stasi-Unterwanderung hatte dies ausnahmsweise gar nichts zu tun.

Der Ärger, den Bert Papenfuß mit der jetzigen Gesellschaft hat, gibt ihm auf keinen Fall das Recht, über die ehemaligen Bürgerrechtler verächtlich zu sprechen, also über Menschen, die in einer anderen Zeit anders und ganz konsequent ihre Konflikte mit dem damaligen Staat ausgefochten haben. Wenn er heute in Gesprächen meint, »systemkompatibel« wären im Grunde gerade die politisch aufmüpfigen Bürgerrechtler gewesen, möchte ich das am liebsten als einen schlechten Scherz abtun. Und völlig inakzeptabel finde ich auch, wenn er – nicht nur halb witzig in Gedichten, sondern ernsthaft in einem Interview – über diejenigen aus dem damaligen politischen Lager herzieht: »*Ich hatte politisch nichts mit diesen Leuten zu tun, sie waren mir zu flau, zu lasch ... das hatte keinerlei Radikalität, die hatten nicht einmal den Anspruch, in die Institutionen zu gehen. ... Die Friedens- und Bürgerbewegung hat sich [dagegen] um nichts gekümmert, das war nur Rumsitzen in selbstgefärbten Kleidern und Kerzen-Anzünden – einfach widerlich.*« (1994, S.74)

Abgesehen davon, daß diese Äußerung rein sachlich nicht stimmt und daß viele Auswüchse des Friedenskampfes (»Friedensschmuck« oder »Friedenskekse«) damals auch anderen auf die Nerven gingen, ist einfach verwunderlich, woher diese Menge an Aggression heute noch kommt und warum sie Papenfuß jetzt noch

[9] Nur wenige, um klare Verhältnisse bemühte Dichter – wie Stefan Döring beispielsweise – lehnten die Annahme jeglicher Privilegien strikt ab.

nötig hat. Einiges, was in den politisch aktiven Kreisen relativ bedeckt ablief, wußte er gar nicht oder wollte es nicht wissen. Die Kreise um Reinhard Schult,[10] die Wehrdienstverweigerer oder die »Kirche von unten«, also radikalere oppositionelle Strömungen, erwähnt er in dem zitierten *bateria*-Interview nicht.

Nur einfacher Neid oder enges Konkurrenzdenken kann es aber nicht sein, das ihn hier in diesem Punkt antreibt. Vermutlich ist die nachhaltige und breit gestreute Würdigung, die die politisch aktiven Widerständler, Bürgerrechtler im Laufe der Zeit – und besonders nach der Wende – erfahren haben, wesentlich stärker ausgefallen als die Würdigung der apolitischen Künstler, die zusätzlich noch pauschal wegen der aktiven und in der damaligen »Szene« stark exponierten Spitzel übel diskreditiert wurden. Vielleicht rührt diese Animosität aber einfach auch daher, daß die Akteure auf der politischen Seite die »Frechheit« hatten, Dinge direkt zu benennen, ohne sich um die »unaussprechbaren«, verborgenen, ästhetisch relevanten Feinheiten zu kümmern. Und schon damals erhielten sie oft mehr Aufmerksamkeit als man selbst.

Problematisch ist aber nicht nur die plötzliche, nach der Wende gemachte Entdeckung, daß sich politisches Engagement und Schreiben doch vereinbaren lassen. Auch eine stimmige Kontinuität in das neue politische System hinüberzuretten oder sie zu wahren, ist nicht einfach. Ich möchte dies noch kurz am Beispiel des tschechischen Schriftstellers Ludvík Vaculík, dem Autor des »Manifestes der 2000 Worte« von 1968 schildern. Er hat nach dem 68er Einmarsch – also in den siebziger und achtziger Jahren – Unmengen von wunderbaren politisch-apolitischen Feuilletons geschrieben und im Samisdat publiziert, die meist nach folgendem Muster funktionierten: Vaculík, der sich als ein bis heute auf dem Lande verwurzelter

[10] Bürgerrechtler. Ab Ende der 70er Jahre aktiv in verschiedenen oppositionellen Zirkeln. Trotz der Inhaftierung 1979/80 auch in den 80er Jahren weiterhin sehr aktiv – in Friedenskreisen, bei der *Kirche von unten* und anderen Initiativen. 1989 Gründungsmitglied des *Neuen Forum*.

Mensch versteht, räsoniert bei Alltagsbeobachtungen oder einfachen Tätigkeiten im Garten darüber, was die Führung des Landes oder diejenigen, die die Macht direkt vor Ort ausüben, so treiben, und mißt dieses Handeln an den Maßstäben der gewöhnlichen, seit Generationen in dörflicher Anständigkeit erzogenen mährischen Bauern, seiner Verwandten und Jugendfreunde. Es handelt sich gleichzeitig um Grundsätze, nach denen er sich selbst auch immer noch messen lassen will und mißt – als einer, der zwar das Heimatdorf verließ, um in der großen Stadt zu studieren, der aber die in der Stadt geltenden Moralvorstellungen nie ganz verinnerlichte. In den Feuilletons kommentiert Vaculík mit Hilfe seiner bäuerlichen, scheinbar einfachen Logik und Gedankenführung die aktuellen Ereignisse oder Erlebnisse und entlarvt mit der tradierten, eben nicht-korrumpierten, nicht-angepaßten Sichtweise die Grund-Unanständigkeit der herrschenden politischen Unkultur – ohne eine Vokabel aus dem plumpen Partei-Wortschatz zu benutzen oder eine Wort-Neubildung der »Normalisierungszeit« auszusprechen; er brauchte keine direkten politischen Urteile zu fällen, um politisch zu sein. Und jetzt zum aktuellen Problem, das ich nur skizzieren, nicht aber weiter analysieren möchte: Vaculík versucht in seinen Feuilletons in den heutigen »Literární noviny« auf die gleiche Art und Weise weiterzumachen, versucht, mit Hilfe seiner etwas obsoleten, trotzdem aber nicht ungültigen Maßstäbe weiterhin all das zu bewerten, was ihn stört. Trotzdem klingt es etwas komisch, wenn er Reklamen an Bussen und Straßenbahnen als Hurenkleider bezeichnet, oder beim Anblick eines Handy-Besitzers plötzlich anfängt, auf die künstliche Befruchtung zu schimpfen. Seine Aufgeregtheit wirkt ein bißchen sinnlos, der alte Zauber seiner Texte ist verschwunden. Seine indirekten Anklagen gehen jetzt ins Leere, weil die politisch oder moralisch Schuldigen nicht so leicht oder gar nicht mehr einzufangen sind, falls sie als Personen überhaupt existieren. Vor allem ist aber der Grund seines Leids ein anderer und die Zeit der klaren Gegensätze vorüber.

Heute weiß ich etwas besser, was Arbeit an den Erinnerungen bedeutet: Man muß sich einfach ab und zu über sich wundern und über die eigenartig starken, in ihrer Intensität nicht gleich verständlichen Gefühle nachdenken, die mit bestimmten Erinnerungen verbunden sind. Auch lohnt es sich, die ganz schwachen, verschämten Regungen an die Oberfläche zerren, die mit ganzer Kraft wieder entwischen wollen. Die Traurigkeit, die mich regelmäßig bei der Musik von »*Plastic People of the Universe*« (siehe den Text »Rockmusik und Religiosität im tschechischen Untergrund) überfällt, kann ich mir inzwischen einigermaßen gut erklären: Ich hätte mich – trotz der räumlichen Entfernungen und anderer Schwierigkeiten – viel mehr um den Kontakt zu ihnen bemühen müssen, ich hätte mich auch sonst in meinem Leben mehr trauen, noch viel radikaler leben sollen. Einiges habe ich leider versäumt.

Literatur

Biermann, W. (1991): Rede zum Eduard-Mörike-Preis. Enthalten (1992) in »Sturz des Dädalus«. Köln (Kiepenheuer & Witsch).

Biermann, W. (1992): Offener Brief an Lew Kopelew. Hamburg (Spiegel 3/92).

Böthig, P./Michael, K. (1993): Machtspiele, Literatur und Staatssicherheit. Leipzig (Reclam).

Braun, V. (1988): Verheerende Folgen mangelnden Anscheins innerbetrieblicher Demokratie. Leipzig (Reclam).

Dahn, D. (1996): Westwärts und nicht vergessen. Berlin (Rowohlt).

Endler, A. (1994): Tarzan am Prenzlauer Berg. Leipzig (Reclam).

Endler, A. (1988): Alles ist im untergrund obenauf; einmannfrei ... Berlin (Samisdat-Zeitschrift »ariadnefabrik«) Auch (1990) in: Den Tiger reiten. Frankfurt/M (Luchterhand Literaturverlag.)

Endler, A. (1990): »Wörter, Wörter« in: Den Tiger reiten. Frankfurt/M (Luchterhand Literaturverlag).

Erb, E. (1981): Von Arendt bis Anderson. (Vortrag auf der Autoren- und Buchhändlertagung der Ev. Akademie in Berlin, hektographiert. Evangelische Akademie Berlin).

Faktor, J. (1989): Georgs Versuche an einem Gedicht und andere positive Texte aus dem Dichtergarten des Grauens. Berlin (Aufbau).

Faktor, J. (1991): Großer Ost-West-Sturm. In der Zeitschrift CONstruktiv Nr.2. Berlin (CONSTRUKTIV).

Faktor, J./Simon, A. (1987): »Das, wozu die Berliner Szene geworden ist ...«. Berlin (Zeitschrift »ariadnefabrik«).

Faktor, J. (1988): Was ist neu an der jungen Literatur der 80er Jahre. Berlin (Zeitschrift »ariadnefabrik«); Abdruck in Faktor, J. (1991): Henry's Jupitergestik in der Blutlache Nr. 3 ... Berlin (Gerhard Wolf Janus press).
Kolbe, U. (1998): Renegatentermine. Frankfurt/M (Suhrkamp).
Kollektiv (1996): Erfurter Erklärung (auszugsweise abgedruckt und kommentiert in allen wichtigen Zeitungen, Dez. 1996 / Jan. 97).
Papenfuß, B. (1992): NUNFT FKK/IM. Göttingen (Steidl).
Papenfuß, B. (1994): Interview »In cunt we trust, cook my sock«.
Nürnberg/Fürth/Erlangen (Zeitschrift Batteria Nr. 15, S. 70-79).
Papenfuß, B. (1996): *Berliner Zapfenstreich* Schnelle Eingreifgesänge. Berlin (BasisDruck).
Papenfuß, B. (1998): SBZ Land und Leute. Berlin (Edition Galrev).
Papenfuß, B. (1998): hetze. Berlin (Gerhard Wolf Janus press).
Rathenow, L. (1991): Entgegnung. In der Zeitschrift CONstruktiv Nr. 2. Berlin (CONSTRUKTIV).
Wolf, G. (1986): Wortlaut – Wortbruch – Wortlust. Wien (Wespennest 63).
Zeitschrift »Sklaven« (Jahrgänge 1994 – 1999). Berlin (BasisDruck).

Die »innere Einheit« – Wunschbild oder Zerrbild?

Gedanken zu und nach dem Geschichtsforum »Getrennte Vergangenheit – gemeinsame Geschichte?« im Mai 1999 in Berlin

Annette Simon

Er war so eingängig und überzeugend: der Satz von Willy Brandt, daß nun zusammenwachse, was zusammengehöre. Wobei die Metapher vom Zusammenwachsen schon damals bei mir das Bild von siamesischen Zwillingen heraufbeschwor, die an einer Körperseite oder sonstwo zusammengewachsen, auf Gedeih und Verderb aneinanderhängen und nun das Leben miteinander verbringen müssen, ob sie wollen oder nicht. Vielleicht enthält aber diese eher gruselige Phantasie auch ein Stück gegenwärtiger Wahrheit.

Der Soziologe Wolf Wagner hat m. E. gut beschrieben, daß nach der Vereinigung zwei unterschiedliche Alltagskulturen aufeinandergestoßen sind (1996). Deren Fremdheit und Mißverständnisse wurden wahrscheinlich gerade in den letzten zwei Jahren wirklich deutlich.

Ergebnisse repräsentativer Umfragen haben zum Beispiel ergeben, daß die Werte zur Demokratieakzeptanz im Osten deutlich unter denen im Westen liegen. Das Vertrauen in demokratische Institutionen ist im Osten weitaus geringer als im Westen. Gleichzeitig erwarten die Ostdeutschen mehr vom Staat als die Westdeutschen: Arbeitsplatzgarantie, die Regelung sozialer Gerechtigkeit u. v. m.

Nach dem Sozialreport '98 fühlen sich zwei Drittel der ehemaligen DDR-Bürger nicht als Bundesbürger – sie fühlen sich fremd im eigenen Land. Der Bürgerrechtler Heiko Lietz meint, daß die Ostdeutschen »faktisch die Aneignung des Systems verweigern« würden. (Oschlies, 1999)

Bei diesen Ergebnissen geraten einige in die Versuchung, sich des gängigen Interpretationsmusters zu bedienen, daß in den undemokratischen Strukturen der DDR Demokratie eben nicht gelernt wurde und autoritätsabhängige und obrigkeitshörige Menschen entstanden sind. Detlef Pollack, Kultursoziologe an der Europa-Universität Viadriana, hat dies die Deformationthese und die Persistenzannahme der gängigen Interpretationen genannt und hält sie so wie ich für stark differenzierungsbedürftig. (Pollack, 1997)

Das Interessante an diesen Umfrageergebnissen ist nämlich, daß sie 1990 ganz anders aussahen – in dieser Wendezeit hatten westliches Demokratiemodell und Marktwirtschaft hohe Akzeptanzwerte im Osten. Mit den realen Erfahrungen der Ostdeutschen sind diese Werte seit 1990 kontinuierlich gesunken.
Ich denke, es drückt sich in diesen Ergebnissen dreierlei aus:

1. eine sehr ernste Anfrage an die bundesrepublikanischen Strukturen, so wie sie nun mal in den Osten kamen, nämlich nicht langsam wachsen konnten wie in der alten BRD, sondern über Nacht da waren. In der letzten Zeit konnte man in allen Medien verfolgen, wie lange und kontrovers um das Grundgesetz in der BRD 1949 in- und außerhalb des Bundestages gestritten wurde. Es war ein längerer Prozeß der gesellschaftlichen Selbstverständigung über viele konkrete Streitfragen. Die DDR hat das Grundgesetz 1990 als Geschenk bekommen, ein Prozeß gesellschaftlicher Diskussion und Aneignung hat hier aber nicht stattgefunden.

Zudem wurden und werden die neuen Strukturen mancherorts von den alten Leitern vermittelt, die jetzt die neuen Chefs sind und nur andere Parolen im Munde führen, was natürlich das Vertrauen in diese Strukturen sofort untergräbt.

Die Umfrageergebnisse zeigen einen kritischen, fremden Blick auf diese neue Strukturen, der von der Westseite mit relativ großem Unverständnis und gereizter Verletztheit quittiert wird. Woher die westdeutsche Verletzbarkeit kommt, könnte auch Gegenstand der Diskussion werden.

2. ein Akt der trotzigen Selbstbehauptung, der mit der erlebten massiven Entwertung nach der Vereinigung zu tun hat. Woher sollen DDR-Bürger Selbstbewußtsein und Selbstbehauptung nehmen, wenn sie sich an den Kriterien der Leistungsgesellschaft Bundesrepublik messen? Zu der ökonomischen Abwertung gesellte sich die kulturelle, in dem die DDR-Vergangenheit einerseits mit vollem Recht und andrerseits zu pauschal in Frage gestellt wurde und damit alle Werte, die in der DDR gegolten hatten. Viele haben das Gefühl, von der anderen Seite ungerecht und in Unkenntnis der Lebensumstände abqualifiziert worden zu sein. Ungerecht wird diese Einschätzung der Ostdeutschen, die in baufälligen Wohnungen in einer verschmutzten Umwelt autoritär ihre Kinder erzogen hätten, sich gegenseitig ständig bespitzelt und zu wenig und ineffizient gearbeitet hätten, vor allem auch deshalb empfunden, weil viele die friedliche Revolution von 1989 als einen Akt der Selbstbefreiung erlebt haben, als eine Stunde des Mutes, der Zivilcourage und des Wunsches nach demokratischer Umgestaltung – als eine Zeit, in der sich mit ihnen und in ihnen etwas verändert hatte.

Es erscheint so, als ob im Prozeß der schnellen staatlichen Vereinigung sie nicht in den Genuß kommen konnten, die gerade zurückeroberte Autonomie, die gezeigte Selbstbehauptung, kurz den Sieg über das alte System auszukosten. Sehr schnell ging es darum, sich in die neuen Strukturen einzupassen, statt sie selbst gestalten zu können.

Warum es zu diesem schnellen Beitritt der DDR zur Bundesrepublik kam und eventuell auch kommen mußte, ist inzwischen Gegenstand vieler kluger Analysen. »Insofern geschah das Notwendige.«- ist der letzte Satz des inspirierenden Buches von Wolfgang Engler über »die Ostdeutschen«. (Engler, 1999, S. 340) Selbst wenn es »das Notwendige« oder sogar das Selbstgewählte war, konnte das Bewußtsein des einzelnen durch den schnellen Wechsel trotzdem stark verunsichert oder sogar überfordert sein.

Ungerecht wird die Abwertung auch deswegen erlebt, weil es auch nicht das Verdienst der Westdeutschen war oder ihre angeborene Überlegenheit, daß sie nach 1945 andere Besatzungsmächte hatten als die Ostdeutschen.

In den Umfrageergebnissen schlagen die Ostdeutschen jetzt zurück:

Weil ihr unsere DDR so abgewertet habt, machen wir eure Bundesrepublik auch schlecht. Die Ostdeutschen versuchen, sich nach einer Phase des Sich-Minderwertigfühlens als die besseren Menschen zu sehen: wärmer, bescheidener und friedliebender.

und 3. drücken diese Ergebnisse auch etwas aus, das ich als eine nachträgliche Verklärung der DDR bezeichnen würde oder den Sieg des Gegenwartsbewußtseins über die Fähigkeit des Sich-Erinnerns und Zurückblickens. Immer wieder bin ich erstaunt, wie selbst manche ehemalige Oppositionelle bestimmte Umstände, Gefühle, Situationen aus DDR-Zeiten vergessen zu haben scheinen. Ich brauche mich nur relativ plastisch an eine so harmlose Situation wie einen Elternabend in einem Berliner Neubaugebiet, vorwiegend von Armeeangehörigen und Sicherheitskräften der DDR bewohnt, zu erinnern, um jegliches nostalgische Gefühl im Keim zu ersticken. Wie da alle anwesenden Lehrer und Eltern mit moralischer Inbrunst den Wehrkundeunterricht verteidigten und jede Gegenmeinung auf eine selbstgerecht-gemeine Art abqualifizierten, wird mir wohl immer im Gedächtnis bleiben.

Man könnte weitere und viel kräftigere Argumente gegen die Nostalgie anführen.
Das Schwierige in der jetzigen Diskussion über die DDR und die Ostdeutschen ist, daß diese Diskussion ständig mit Wertungen und Werturteilen einhergeht. Außerdem werden die Ostdeutschen, wenn sie nicht in Täter und Opfer polarisiert werden, als homogene Gruppe gesehen, die alle mit der gleichen Mentalitätsproblematik geschlagen seien. Dies wird weder der Differenziertheit noch den Differenzen im Osten gerecht. Wir waren schon vor 1989 sehr unterschiedlich und völlig verschiedener Meinung. Mir ist z. B. eine 68er-

Generationsgenossin aus dem Westen viel näher als ein ehemaliger Parteisekretär aus dem Osten.

Aus Ost-Ost-Gesprächen der letzten Zeit kenne ich ganz erbitterte Streits – die »innere Einheit« der DDR erweist sich in ihnen als ein Phantom. Und vielleicht ist jetzt auch die Zeit dafür reif, daß die DDR-Bürger miteinander über die DDR-Vergangenheit sprechen, anstatt sich immer nur in Abwehrkämpfen gegen westliche Zuschreibungen zu verbünden.

Beim Geschichtsforum im Mai 1999 schlug Prof. Veen vor, den Begriff von der inneren Einheit zum »Unwort des Jahres« zu küren, weil er etwas fordere, was sowieso unmöglich sei. Was er dabei vielleicht außer acht gelassen hat, ist das Bedürfnis von Menschen nach Identität und Zugehörigkeit. Die Frage steht mehr oder weniger offen im Raum, ob es eine neue gemeinsame deutsche Identität geben kann, d. h. ob es uns möglich sein wird, uns im neuen Jahrtausend – ohne zu vergessen oder zu verdrängen – aus der negativen Identität des Tätervolkes zu lösen.

Diese Suche nach einer neuen gemeinsamen Identität ist in Deutschland besonders schwer, weil wir nur im geringen Maß auf die Vergangenheit zurückgreifen können, in der das deutsche Volk allzu oft ein mörderisches war. Identitätsstiftend könnte der deutsche Widerstand gegen den Nationalsozialismus sein und auch der bürgerrechtliche Widerstand gegen die SED-Herrschaft. Bekanntlich wurde dieser Widerstand aber nur von Minderheiten getragen, die die Identitätsbildung erschweren. Trotzdem kann ich nach wie vor nicht verstehen, warum nicht die friedliche Revolution in der DDR und die solidarische Leistung der BRD bei der Vereinigung in ihrer Möglichkeit der positiven Identitätsbildung wesentlich mehr gesehen und ausgeschöpft werden. Manchmal erscheint es mir so, als ob die Bewohner der sich einst feindlich gegenüberstehenden beiden deutschen Staaten sich ihre gegenseitige Leistung nicht anerkennen können: Die Bundesrepublikaner den DDRlern nicht ihre Selbstbefreiung und die DDRler den Bundesrepublikanern nicht ihre wirtschaftliche und auch demokratische Stärke und Kompetenz.

Ich verstehe nicht, wie wir es geschafft haben, die für mich wirklich großen Leistungen, die beide Teile in den letzten 10 Jahren vollbracht haben und auf die auch beide Teile stolz sein könnten, in unserem Bewußtsein fast in einen Fehlschlag zu verwandeln, und zwar in einen Fehlschlag der jeweils anderen Seite. Das wirkt wie der nicht endenwollende Kampf zweier feindlicher Brüder, die von der Konkurrenz nicht lassen können und immer noch darum streiten, daß endlich einer als der bessere und liebenswertere anerkannt wird.

Um wessen Anerkennung geht es dabei? Vielleicht um die der Welt, die uns Deutsche im zwanzigsten Jahrhundert zurecht als unliebenswert verstieß – inzwischen aber ein viel positiveres Bild von uns hat als wir von uns selbst. Die friedliche Vereinigung ist außerdem eine Chance, daß die Welt ein anderes Bild von uns entwickeln kann und daß wir es in Deutschland nicht mehr nötig haben, uns gegenseitig zu beschuldigen, die jeweils schlechteren, moralisch oder sonstwie minderwertigeren Deutschen zu sein. Vielleicht könnten wir endlich aufhören, die nach dem Krieg eingetretene Spaltung, die beiden Teilen auch Entlastung von ihrer Schuld bot, fortzusetzen und sind jetzt reif genug, die Last der deutschen Vergangenheit gemeinsam zu tragen? Dann könnten wir uns auch als das sehen, was wir während der ganzen Zeit der Teilung schon waren: die zwei Seiten einer Medaille.

Literatur

Engler, W. (1999): Die Ostdeutschen. Berlin (Aufbau).

Oschlies, R. (1999): Demokratie als ein Tunnel am Ende des Lichts, »Berliner Zeitung« vom 4. 7. 1999.

Pollack, D. (1997): Das Bedürfnis nach sozialer Anerkennung, in »Das Parlament« B 13/97, S. 3-14.

Wagner, W. (1996): Kulturschock Deutschland. Hamburg (Rotbuch).

Nachweise

Annette Simon: *Vor den Vätern sterben die Söhne?*, unter dem Titel »Kluge Kinder sterben früh« gekürzt veröffentlicht in »DIE ZEIT« Nr. 24 vom 6. 6. 1997.

Jan Faktor: *Meine ganz privaten Ansichten zu Prag* 1968; entstanden 1998.

Jan Faktor: Die DDR-Linken und die tschechische Opposition; *eine ältere Fassung ist in dem Buch »Die Leute trinken zuviel, kommen gleich mit Flaschen an oder melden sich gar nicht ...« enthalten (Gerhard Wolf Janus press, Berlin* 1995).

Jan Faktor: Abspaltungsprozesse unter den jungen DDR-Intellektuellen von 1968 bis 1989; stark überarbeiteter Teil der Expertise zum Thema »Alternative Kultur in der DDR«, die im Auftrag der Enquete-Kommission des Deutschen Bundestages geschrieben wurde. Die ganze Expertise wurde 1995 bei NOMOS Verlagsgesellschaft Baden-Baden publiziert – in den *Materialien der Enquete-Kommission »Aufarbeitung von Geschichte und Folgen der* SED-*Diktatur in Deutschland«*, Band III/2.

Jan Faktor: Rockmusik und Religiosität im tschechischen Underground – nichtgeahnte Konsequenzen des Prager Frühlings; *überarbeitete und gekürzte Fassung eines Vortrages für die Tagung der Landeszentrale für politische Bildung Thüringen in Gotha vom* 8. *bis* 10. *Mai* 1998; *Titel der Tagung: »Die Verhältnisse zum Tanzen bringen.* 1968 *und die Folgen«*.

Annette Simon: *Fremd im eigenen Land?*; gekürzt veröffentlicht in »DIE ZEIT« Nr. 25 vom 17. 6. 1999.

Jan Faktor: Notizen zu meiner Zweisprachigkeit; *eine ältere, stark gekürzte Fassung wurde im Tagungsband »Sprachwandel« der Künstlergilde publiziert* (Esslingen 1997).

Annette Simon: *Von der Selbstaktualisierung zum Unbewußten*; Vortrag gehalten 1997 auf der ersten Arbeitstagung der A.P.B. in Berlin, veröffentlicht in Ch. Seidler / M. Froese (Hrsg.): »Psychoanalyse und Diktatur« (Pabst Science Publishers, Lengerich 2000).

Annette Simon: *Kein geschützter Raum*; unter dem Titel »Fremd im eigenen Land?« – Vortrag auf dem Kongreß »Eigenes und Fremdes – Psychotherapie in Zeiten der Veränderung« 23.-26. 6. 1999 Weimar, Veröffentlichung im Kongreßband: B. Strauß / M. Geyer (Hrsg.) »Psychotherapie in Zeiten der Veränderung« (Westdeutscher Verlag, Wiesbaden 2000).

Jan Faktor: *Wieviel Engagement verträgt die Kunst*; Text zu einer vom Autor organisierten und moderierten Diskussionsreihe im »Theater unterm Dach«, Berlin – Prenzlauer Berg, 1997; 1999 neu überarbeitet.

Annette Simon: *Die »innere Einheit« – Wunschbild oder Zerrbild?*; veröffentlicht in: »Das Parlament« vom 22. 10. 1999.

209 Seiten · Broschur
DM 44,– · öS 321,– · SFr 41,–
ISBN 3-89806-020-9

Die Autorin ruft uns durch Interviews und psychologische Kommentare ins Gedächtnis zurück, welche bis heute wirkenden psychischen und familiendynamischen Spätfolgen durch Krieg, Flucht und Vertreibung für die Kinder der aus dem Osten Vertriebenen entstanden sind.
Es geht um die Schmerzen des Heimat- und Identitätsverlustes, um die Bürde der Vaterlosigkeit, um die Folgen von Hunger in der frühen Kindheit und schweren Entbehrungen sowie um Diskriminierungen als „Flüchtlinge".

Es geht der Autorin darum, die Spätfolgen dieser auch psychischen Entwurzelung zu beleuchten, denn die Schuld der Väter wirkt noch „bis ins vierte Glied".

Astrid von Friesen thematisiert erstmalig die spezielle psychische Problematik adliger Familien aus dem Osten. Diese unterlagen – was sowohl im Westen als auch im Osten verdrängt und tabuisiert wurde – einer spezifischen Verfolgung, welche nach dem Krieg zu Verschleppungen, Inhaftierungen, Verbannungen und Ermordungen im sowjetischen Machtbereich führte.

PSV
Psychosozial-Verlag